Este libro electrónico, *eBook,* es publicado con el único propósito de brindar información relevante respecto a un tema específico, por lo que se ha hecho el mayor esfuerzo posible para asegurar que se trata de un libro coherente y razonable. Sin embargo, al adquirir este *eBook* usted consiente ante el hecho de que el autor, al igual que el editor, no son bajo ninguna forma expertos en los temas contenidos, independientemente de cualquier aclamación de esta índole que pudiera ser sugerida en el contenido del libro. De esta forma, cualquier sugerencia o recomendación realizada se ha hecho puramente con propósitos de entretenimiento. Es recomendado que siempre se consulte a un profesional antes de tomar alguno de los consejos o técnicas discutidos en el material del libro. Esta es una declaración legalmente vinculante considerada válida y justa tanto para la Asociación del Comité de Editores como para la Asociación *American Bar,* por tanto, debe ser considerada como legalmente vinculante dentro de los Estados Unidos. La reproducción, transmisión y/o duplicación de cualquier contenido encontrado dentro del libro, incluyendo cualquier información específica o extendida, será considerada un acto ilegal sin importar la forma última que tome mencionada información. Esto incluye versiones copiadas del trabajo físico, digital o audio, a menos que con anticipación se proporcione expreso consentimiento por parte del Editor. Cualquier otro derecho adicional está reservado.

Además, la información contenida dentro de las páginas aquí descritas debe ser considerada tanto acertada como veraz cuando se trate de recontar los hechos. De tal forma, cualquier uso, correcto o incorrecto, de la información proporcionada rendirá al Editor libre de responsabilidad sobre las acciones tomadas fuera de su alcance directo. De cualquier manera, no hay escenarios en donde pueden ser considerados responsables el autor original o el Editor ante cualquier daño o dificultad que pudiera resultar de la información discutida dentro del libro.

TABLA DE CONTENIDO

Terapia Cognitiva Conductual Simplificada

Detén el pensamiento negativo, supera la ansiedad y la depresión con técnicas de TCC para reentrenar a tu cerebro.

Peter Rajon

INTRODUCCIÓN

La ansiedad es la preocupación y miedo persistente que se presenta en el día a día y hace la vida más difícil para la víctima. Una persona con un trastorno de ansiedad usualmente se ve afectada por cosas que no afectan a las personas bien ajustadas y con emociones estables. Para la mayoría de los que sufren de este padecimiento, los trastornos Cognitivas son la razón principal detrás de su ansiedad. En otras palabras, su percepción de la realidad es defectuosa. Como resultado, desarrollan varios hábitos de auto inhibición que, ultimadamente, empeoran su condición. Investigadores han encontrado que cuando una persona tiene problemas de ansiedad, hay una alta probabilidad de que esté luchando con otras formas de enfermedad mental, especialmente depresión.

Pero, gracias al cielo, la ansiedad no es como otras terribles enfermedades virales para las que aún no existe cura. Hay varios métodos para tratar la ansiedad y otras enfermedades mentales. La mayoría de estos métodos de tratamiento tan sólo han obtenido reseñas positivas. La Terapia Cognitiva Conductual es uno de los planes de tratamiento más populares para la ansiedad y otras enfermedades mentales. La belleza de este plan de tratamiento, es que puede ser practicado durante el curso de la Terapia Cognitiva Conductual o incluso después.

Este libro se enfoca en diversos problemas de salud mental, como lo son la ansiedad, depresión, insomnio y estrés, y te muestra cómo uno puede utilizar la Terapia Cognitiva Conductual para superar estas condiciones.

Parte I

CAPÍTULO 1

INTRODUCCIÓN A LA TCC

Puedes haber escuchado acerca de la Terapia Cognitiva Conductual, el plan de tratamiento que está ayudando a la gente a superar varias enfermedades mentales. Este método de tratamiento ha sido tan exitoso alrededor del mundo, que cada vez más personas están eligiéndolo. Si has estado considerando el seguir este tratamiento, es esencial que primero entiendas en qué te estás involucrando.

¿Qué es la TCC?

La Terapia Cognitiva Conductual es un tipo de psicoterapia. Está basada en la percepción que tienen la mayoría de las enfermedades mentales como resultado de distorsiones cognitivas. Por ello, al apuntar estas distorsiones cognitivas y adoptar creencias útiles, el paciente puede superar su enfermedad mental. Al contrario de la medicina, en donde tan sólo se trata de tomar pastillas y esperar resultados, la Terapia Cognitiva Conductual requiere la completa participación tanto del paciente como del practicante.

La Terapia Cognitiva Conductual involucra varios pasos y procedimientos que deben ser seguidos a lo largo de un transcurso de tiempo. El aferrarse estrictamente a estos pasos y procedimientos siempre da resultados positivos. La mayoría de las técnicas de la Terapia Cognitiva Conductual pueden ser practicadas en la vida diaria, lo cual significa que no hay límite para tu progreso. La Terapia Cognitiva Conductual toma una filosofía de curación holística, y aún más que eso, con ella llegas a entender cómo tu cerebro percibe varias cosas y personas. En otras palabras, la Terapia Cognitiva Conductual te ayuda a incrementar tu autoconocimiento.

¿Sabías que la causa número uno de los problemas

conyugales es una comunicación pobre? Y al hablar de comunicación pobre, no nos referimos a que la pareja se haya rehusado a hablar el uno con el otro. Están hablando entre ellos, pero el problema es que cada uno obtiene un mensaje diferente en lugar del intencionado. Hay varios factores psicológicos para detener el que las parejas no se entiendan mutuamente de manera clara. La importancia de la Terapia Cognitiva Conductual, es que apunta la atención a algunos de estos factores que, ultimadamente, sabotean una relación.

La Terapia Cognitiva Conductual ayuda a tratar varias condiciones, como lo son fobias, ansiedad, trastorno depresivo mayor, trastorno disociativo, desórdenes de personalidad, autoestima y problemas en la percepción de imágenes propias. La Terapia Cognitiva Conductual ayuda al paciente a entender la mayoría de sus procesos de pensamiento y ver una conexión entre cómo piensan y cómo actúan. Desde que se inventó este plan de tratamiento, se han realizado múltiples estudios para observar su efectividad, y hasta ahora, este plan de tratamiento se ha encontrado extremadamente útil. La Terapia Cognitiva Conductual muestra incluso mejores resultados que el uso de medicamentos.

¿La TCC es para mí?

La mayoría de las personas termina preguntándose si la Terapia Cognitiva Conductual es para ellos. Debes entender que, simplemente porque se ha mostrado que este plan de tratamiento funciona excepcionalmente bien, no significa que el paciente no deberá poner ningún esfuerzo. De hecho, el éxito de la Terapia Cognitiva Conductual depende de los esfuerzos del paciente. Por lo tanto, antes de decidir seguir este plan de tratamiento, debes estar preparado para comprometerte a los procedimientos, de otra manera probablemente termines gastando tanto tu tiempo como tu dinero.

¿Qué ocurre durante las sesiones de la Terapia Cognitiva Conductual y cuánto dura?

En un comienzo, el practicante encontrará una forma de asegurar que ambos conectan. La mayoría de los practicantes han trabajado en sus propias personalidades y saben cómo manejar a distintos tipos de personas. Así que, no es poco común para un practicante el querer saber acerca de los antecedentes de su paciente; esto les ayuda a entenderlos aún más. El practicante abre la sesión con las realidades de la Terapia Cognitiva Conductual. El paciente necesita ser consciente de varias complicaciones a las que se enfrentará.

El practicante posteriormente pregunta acerca del problema que está persiguiendo a su paciente, y éste deben intentar ser lo más próximo posible. Algunas personas se ven tentadas a guardarse algunas partes de las que se sienten avergonzadas, pero esto no es un movimiento inteligente; debes dejarlo salir todo. Entonces, el practicante le ofrece al paciente varios pasos y procedimientos que tienen la intención de identificar sus distorsiones cognitivas. El paciente debe apegarse a estos pasos y procedimientos.

La cantidad de tiempo que toma lograr resultados positivos con la Terapia Cognitiva Conductual es dependiente a los esfuerzos tanto del practicante como del paciente, y también del tipo de problema con el que se está lidiando. Pero en un sentido general, la Terapia Cognitiva Conductual es más eficiente con el tiempo que otros métodos de tratamiento. Por ejemplo, si tomaste pastillas para volverte eufórico y adormecer tus sentimientos de baja autoestima, probablemente deberás tomar esas pastillas para siempre. Pero cuando se trata de la Terapia Cognitiva Conductual, es una cuestión de establecer la raíz causante de tus problemas de autoestima y después desarrollar creencias positivas respecto a ti mismo, aplicar estos principios en tu vida diaria y el problema de autoestima desaparece.

Usar técnicas de Terapia Cognitiva Conductual más allá del curso

Uno de los beneficios de la Terapia Cognitiva Conductual es el hecho de que puedes continuar practicando estos pasos mucho después del curso. Un practicante habilidoso te dará el conocimiento, y este conocimiento es lo que te mantendrá andando. Encontrarás que varios pasos no necesitan la inversión de dinero. Está completamente en ti únicamente el encontrar tiempo. Así que, al incorporar estos pasos de Terapia Cognitiva Conductual en tu vida, solidificarás la efectividad de este plan de tratamiento. Hay varios recursos, como libros, revistas y portales en línea para ayudarte a lo largo del camino.

¿La ciencia apoya la TCC? ¿Es exitosa?

Algunas personas quizás quieran descubrir si la Terapia Cognitiva Conductual está respaldada por la ciencia. Esta es una preocupación legítima, considerando que la mayoría de las personas son víctimas de las disciplinas pseudocientíficas. Los científicos han analizado la efectividad de la Terapia Cognitiva Conductual. Han estudiado cómo evolucionan los pacientes que viven un curso completo de Terapia Cognitiva Conductual en comparación a pacientes similares que utilizan otras formas de tratamiento. Encontraron que los pacientes que experimentaron la Terapia Cognitiva Conductual tienden a recuperarse completamente simplemente porque los resultados son duraderos. Por otro lado, para los pacientes que, por ejemplo, toman medicina, pueden recaer en su estado mental previo, lo cual es básicamente volver al paso uno.

Durante un curso de TCC, estas son algunas de las cosas que aprenderás:

• Identificar problemas más claramente: La TCC te ayuda a tener una imagen más clara de lo que está detrás de tus problemas. La terapia conversacional está diseñada para llegar a la raíz del problema.

• Desarrollar conciencia de tus pensamientos automáticos: tus pensamientos automáticos son responsables de tus comportamientos negativos y acciones. La TCC te ayuda a entender tus pensamientos automáticos y cómo es que aparecen.

• Desafiar asunciones subyacentes que puedan ser erróneas: los pensamientos negativos y percepciones retorcidas pueden emanar de presunciones inadecuadas. La TCC te ayuda a descubrir las asunciones inadecuadas que puedas tener.

• Distinguir entre hechos y pensamientos irracionales: Algunas complicaciones surgen como resultado de aferrarse a pensamientos irracionales por un largo tiempo. La TCC te ayuda a identificar lo que es factual y deshacerte de las creencias irracionales que te han mantenido prisionero y te han brindado rasgos negativos.

• Entender cómo las experiencias pasadas pueden afectar tus experiencias del presente: La mayoría de las personas que tienen dificultades con problemas de salud mental, particularmente depresión, se puede adjudicar la culpa a su pasado. En el pasado, algo traumático se vino abajo y desencadenó su depresión. La TCC les ayuda a identificar cuáles son estos problemas pasados y cómo superarlos. El proceso de sanación comienza una vez que han vencido estas terribles experiencias del pasado.

- Dejar de temerle a lo peor: La mayoría de las personas desarrollan enfermedades mentales que están enganchadas al miedo de que lo peor ocurra. Por ejemplo, si tiendes a preocuparte acerca de lo que pasará si estás solo en un cuarto oscuro, la TCC te ayuda a entender que en realidad nada pasará y que tu miedo es imaginario.

- Ver una situación desde una perspectiva diferente: Uno de los problemas que tienen las personas cuando se trata de las enfermedades mentales es la incapacidad de ver varios aspectos de la misma cosa. La mayoría de los patrones de pensamiento negativo pueden ser superados cuando comienzas a percibir la vida desde más de un ángulo. Esto estimula tu creatividad y te ayuda a vencer los retos del presente.

- Entender mejor las acciones y motivaciones de otras personas: No vivimos en el vacío. Vivimos en un espacio inhabitado por otras personas. Sus esfuerzos están destinados a influenciar nuestras vidas, nos guste o no. Por lo tanto, lo mejor que podemos hacer es comprender las acciones y motivaciones de los demás. Si sabemos qué los motiva, estamos en una mejor posición de tomar decisiones auto preventivas para así no convertirnos en una presa para ellos.

- Desarrollar una forma más positiva de pensar y ver las situaciones: No se puede exagerar el valor de mantener una mente positiva de frente a los problemas. Hace la diferencia. La TCC le ayuda a las personas a desarrollar una mentalidad positiva y enfrentar los retos sin caer en vicios y otros hábitos dañinos.

- Volverte más consciente de tu estado de ánimo: Si estás combatiendo enfermedades mentales, es probable que la mayoría del tiempo experimentes terribles sentimientos. La TCC te ayuda a desbloquear la relación entre tus pensamientos, acciones y creencias. Si te involucras en actividades dañinas, tienes una alta probabilidad de experimentar estados de ánimo bajos.

- Establecer metas alcanzables: Al final del día, todos queremos ver nuestros sueños hechos realidad. El problema es que algunos de estos sueños son más que nada desilusiones. Si te propones una meta que no tiene posibilidad de convertirse en realidad, te estás disponiendo al fracaso. La TCC te ayuda a mantener los pies en la tierra y tener la presencia mental requerida para elaborar objetivos alcanzables.

- Evitar generalizaciones y pensar en todo-o-nada: No

deberíamos pensar en términos absolutos. Ciertamente, hay algunas áreas grises. Al adoptar la TCC, llegamos a entender el valor de prestar atención a las áreas grises en lugar de una mentalidad de todo-o-nada

• Dejar de culparte: Algunas personas se culpan a sí mismas por cosas que están totalmente fuera de su control. Esto les dificulta el superar el problema. A través de la TCC, pueden entender el valor de la objetividad y en lugar de sólo agobiarse con culpa injustificada.

• Concentrarte en el presente: La TCC puede ayudarte a entender el pasado y prepararte para el futuro, pero el énfasis principal es el presente. Las técnicas TCC están destinadas a trabajar con lo que sea que esté ocurriendo en el presente. Por ello, la TCC provee un remedio muy acertado a tus problemas.

• Enfrentar tus miedos: Si has estado luchando con miedos, quizá has desarrollado varios patrones de pensamiento negativo y una percepción retorcida de la realidad, los cuales, sin duda alguna, te han dotado de una enfermedad mental como la paranoia o las fobias. La TCC te ayuda a enfrentarte a tus miedos y emerger triunfante.

Cómo funciona la TCC

Tus acciones están influenciadas por tus pensamientos, sentimientos y sensaciones físicas. Cuando le das espacio a los pensamientos negativos, terminas atrapado en un círculo de comportamientos y acciones degenerativas. La TCC te ayuda a descomponer el problema en pequeñas porciones para que puedas manejarlo de manera mucho más sencilla. Te permite cambiar estos patrones negativos para mejorar cómo te sientes. A diferencia de otros modelos de tratamiento que se enfocan en problemas del pasado, la TCC se enfoca en lo que te está conflictuando en el presente, promoviendo pensamientos, comportamientos y hábitos apropiados.

Los problemas se clasifican en cinco grupos principales:

- Sensaciones físicas
- Situaciones
- Acciones
- Pensamientos
- Acciones

Estas cinco áreas están interconectadas. Por ejemplo, tus pensamientos acerca de una situación específica pueden afectar tus sentimientos, al igual que la respuesta que darás. La TCC es diferente a otras psicoterapias en los siguientes aspectos:

• Es pragmática: se identifican problemas específicos, y el trabajo comienza en resolverlos.

• Es altamente estructurada: el terapeuta y el paciente identifican retos específicos y establecen metas a manera de encontrar una solución.

• Está enfocada en el presente: la TCC se enfoca en lo que tus pensamientos, emociones y hábitos son en el presente, en lugar de enfocarse en tu pasado.

• Es colaborativa: El éxito de esta terapia conversacional es, en un sentido significativo, dependiente de la relación entre el terapeuta y el paciente. Los dos deben trabajar juntos para encontrar una solución duradera.

Hay maneras convenientes e inconvenientes de acercarse al problema, dependiendo de tu sistema de pensamiento. Por ejemplo, si tu marido te abandona y tramita un divorcio, quizá puedas pensar que eres un fracaso y considerar que no mereces volver a encontrar el amor. Esta línea de pensamiento puede hacerte sentir desesperanzado y solo, convirtiéndote en un ermitaño que detesta a las personas y está atrapado en un círculo vicioso de negatividad, te sientes mal contigo mismo y te auto saboteas de volver a estar en alguna otra relación significativa.

Por el otro lado, podrías hacer las paces con el hecho de que el divorcio no es el final de tu vida amorosa. Muchas personas lo superan y viven sus vidas a su máximo potencial. Desarrollar optimismo por el futuro influenciará tus hábitos y acciones. Comenzarás a salir más, realizar diferentes actividades y, eventualmente, te toparás con alguien que acelere los latidos de tu corazón.

El ejemplo arriba mencionado es una ilustración perfecta de cómo tus pensamientos, sentimientos y sensaciones físicas pueden retenerte en un círculo de negatividad, e inclusive crear nuevas situaciones que empeoren el cómo te sientes respecto a ti mismo. Esto demuestra que, si quieres darle un vuelco a tu vida, debes comenzar explorando tu constitución mental y comprometerte a alterar tus pensamientos y sentimientos.

La TCC busca poner fin a tales ciclos negativos exponiendo los pensamientos y emociones asociadas y empoderándote a darle un giro a tu vida. Las técnicas de la TCC están diseñadas de manera que después de cierto punto, ya no necesitarás a un terapeuta para romper los ciclos negativos, sino tan sólo tu dedicación.

Sesiones de TCC

Puedes tener sesiones de TCC con un terapeuta como individuo o como parte de un grupo, pero si tienes experiencia sustancial, quizá ni siquiera necesites a un terapeuta. Si tienes TCC individual o en grupo, generalmente te encontrarás con tu terapeuta de cinco a veinte veces por semana o en sesiones quincenales, cada sesión con una duración aproximada de 30 – 60 minutos. Las sesiones pueden llevarse a cabo en cualquier lugar donde los dos se encuentren cómodos: la clínica, al aire libre, en casa.

Técnicas de la Terapia Cognitiva Conductual

Estas son algunas de las técnicas en la TCC usadas para modificar los patrones de comportamiento en una persona:

• Ensayos Cognitivas: El paciente comienza recordando sus eventos traumáticos y con la ayuda de un terapeuta, trabajan juntos para encontrar una solución. El paciente tiene que instilar pensamientos positivos en su mente para así fortalecer su actitud positiva e impulsar el desarrollo de rasgos positivos. La parte de ensayar pensamientos positivos requiere un poco de imaginación.

• Prueba de validez: En esta técnica, el terapeuta busca probar si las creencias del paciente son válidas o inválidas. El paciente puede poner en la mesa evidencia objetiva para defender sus sentimientos, pero si su argumento es débil, entonces la incongruencia de su creencia es expuesta y son exhortados a crear creencias coherentes.

• Escribir un diario: El paciente toma la tarea de anotar los eventos de su vida para así rastrear comportamientos desadaptativos. El paciente escribe todas las cosas críticas que están tomando lugar en su vida en los planos emocional, mental y físico. Así, pueden revisar estos eventos para encontrar las interconexiones entre estas áreas.

• Descubrimiento guiado: Los pacientes pueden mostrar tendencias negativas cuando tienen una percepción imperfecta de la realidad. Sin embargo, si un terapeuta los asiste en comprender sus distorsiones cognitivas, los pacientes se vuelven más conscientes de cómo procesan la información. Al final, los pacientes pueden adoptar una percepción acertada de la realidad que les ayuda a procesar la información de forma correcta.

• Modelado: Es una de las técnicas más críticas para corregir a un paciente. Un terapeuta puede realizar ejercicios que consistan en actuar roles desde los cuales el paciente pueda inspirarse para cambiar su comportamiento. Esto le ayuda a paciente a entender formas perfectas para responder ante varios escenarios.

• Tarea: En esta técnica, se le pide al paciente que efectúe varias tareas para así extraer lecciones que impacten su mentalidad y le ayuden a modificar sus comportamientos. Algunas de las tareas incluyen revisar cintas de audio, tomar notas y leer artículos.

• Refuerzo positivo sistemático: En esta técnica, se exhorta al paciente a traslucir sus rasgos positivos. Es más sencillo modificar el comportamiento de una persona cuando sus características positivas son dominantes. De esta manera, el terapeuta puede identificar los rasgos positivos del paciente y premiarlo cada vez que sean aplicados sus hábitos y actitudes positivas.

CAPÍTULO 2

RAZONES POR LAS QUE LA TCC ESTÁ CRECIENDO EN POPULARIDAD

En cualquier momento, la persona promedio está luchando contra un conjunto de problemas que invariablemente tienen un origen mental. Esto es simplemente porque nuestros pensamientos impactan fuertemente nuestras acciones y comportamientos. Por ejemplo, digamos que sales de casa, y, mientras estás caminando en la calle, te topas con un reflejo de ti mismo y decides que luces terrible. Ese mero pensamiento siembra una duda en tu mente que baja tu autoestima y quizá te vuelva irritable por el resto del día. Pero si tienes un entendimiento de tu psicología, puede que no caigas en ese camino. Como un método de tratamiento, la Terapia Cognitiva Conductual está disfrutando de mucho éxito en el mundo gracias a su habilidad de superar no sólo los síntomas negativos de una enfermedad, sino también el incrementar el autoconocimiento en los pacientes.

Estas son algunas razones por las que la Terapia Cognitiva Conductual se ha vuelto tan exitosa en todo el mundo:

- **Historial comprobado**

Al final del día, el éxito es un juego de números. Sería un poco ilógico aseverar que la Terapia Cognitiva Conductual es el mejor método de tratamiento sin tener números que respalden esa afirmación. Entonces, la Terapia Cognitiva Conductual ha demostrado tratar varias enfermedades, entre ellas el trastorno depresivo mayor, ataques de pánico, varios trastornos de ansiedad, drogadicción, desórdenes alimenticios, insomnio, traumas y fobias. Los pacientes que se someten a la Terapia Cognitiva Conductual han demostrado obtener resultados duraderos, lo cual indica que el seguir el tratamiento vale la pena.

- **No interrumpe tu vida**

Quizá una de las mayores razones por las que fallamos en buscar ayuda médica es el miedo a que esto irrumpa nuestra vida diaria. Este miedo es ilógico considerando que la vida no se trata de buscar dinero, y la mayoría de nosotros no ha sido suficientemente exitoso como para establecer flujos de ingreso pasivos. Por lo tanto, siempre estamos buscando una solución que no nos mantenga alejados del trabajo. Piensa en alguien luchando con trastorno depresivo mayor que decide medicarse. Ahora, después de tomar el potente medicamento, obviamente no podrá seguir con su vida, sino que tendrá que permanecer en casa para recuperarse. Permanecer lejos del trabajo por un extendido periodo de tiempo puede traer serias consecuencias.

Pero, después, aparece una forma de tratamiento que no necesariamente requiere que te mantengas fuera del trabajo. Involucra varios procedimientos que puedes seguir con facilidad y seguir el trabajo. El paciente puede tomar estas sesiones de Terapia Cognitiva Conductual en el momento que considere conveniente. De esta forma, sus vidas se mantienen virtualmente inafectadas.

• No es costosa

Otra razón por la que la Terapia Cognitiva Conductual ha tenido un enorme éxito alrededor del mundo es debido al hecho de que buscar este tratamiento no afectará tu bolsillo. Cuando un paciente decide medicarse para tatar su enfermedad mental, usualmente toma mucho tiempo antes de ver resultados positivos. Sin embargo, estos medicamentos no son baratos. Las compañías farmacéuticas están interesadas en tener una ganancia significativa. A la larga, el paciente termina invirtiendo en medicinas una cantidad de dinero enorme. Pero el paciente que sigue las técnicas de Terapia Cognitiva Conductual gasta considerablemente menos.

• Toma poco tiempo

No se puede decir cuánto tiempo durará el curso de Terapia Cognitiva Conductual para un paciente en particular. Esto es debido a que la duración de un curso de TCC se ve afectada por varios factores, incluyendo las finanzas, esfuerzo y conveniencia. Sin embargo, en algunos casos, los pacientes han sido testigos de resultados positivos en un periodo de tiempo tan corto como seis semanas. Esto es una ventaja increíble considerando que algunos métodos de tratamiento pueden extenderse por meses o incluso años. La TCC toma menos tiempo para superar enfermedades mentales, pero la mejor parte es que los resultados son permanentes, lo cual no se puede decir de muchos otros métodos de tratamiento.

- **Es empoderadora**

Uno de los beneficios más significativos del curso de Terapia Cognitiva Conductual es que además de curar al paciente, también lo empodera. En primer lugar, el paciente tiene un entendimiento más profundo de sus acciones, palabras y mentalidad correlacionados a su pensamiento. Previamente, la mayoría de los pacientes ignoran este hecho. Un curso de Terapia Cognitiva Conductual ayuda al paciente a tomar el volante cuando se trata de salud mental. Cuando todos los procedimientos se dejan al descubierto, queda en el paciente el seguirlos e implementarlos en su vida para que los resultados puedan ser aún mejores. No obstante, esto no significa que ya no necesita terapia, solamente que los empoderará.

- **Es un esfuerzo de equipo**

Cuando una persona está luchando con alguna forma de enfermedad mental, usualmente tienen una actitud terrible, lo cual es una desventaja significativa, considerando que no tiene motivación. Por ejemplo, si una persona enferma mentalmente visita a un médico y termina enganchado en medicamentos, depende de él tomar la dosis apropiada, sin nadie que cuide de su progreso. Por otro lado, cuando miras un curso de Terapia Cognitiva Conductual, el practicante experto siempre estará ahí para alentar al paciente a seguir a través de todos los procedimientos. Este estimulo juega un papel crítico en el éxito general del método de tratamiento.

- **Es simple**

En curso de Terapia Cognitiva Conductual, no todo es arrojado al mismo tiempo sobre el paciente. El curso está diseñado en un orden ascendiente de dificultad. Las primeras etapas consisten en ejercicios simples que ayudarán al paciente a desarrollar una buena mentalidad. Sin embargo, conforme el curso avanza, serán introducidos a procedimientos más retadores; con el tiempo se vuelve mucho más sencillo superar estos procedimientos porque ya se tiene la mentalidad correcta.

• **Es segura**

Una de las partes desagradables de la medicación son los efectos secundarios. La mayoría de los medicamentos están destinados a eliminar la ansiedad con una larga lista de efectos secundarios, incluyendo visión pobre, diarrea, mareos, dolor, cansancio, migraña y boca seca. Asumiendo que la medicina funciona al eliminar los síntomas de la enfermedad mental con la que está teniendo dificultades el paciente, podría ser suficiente, sin embargo, los efectos secundarios también podrían empeorarla. Cuando se trata de Terapia Cognitiva Conductual, no hay efectos secundarios, y lo más importante es que los resultados del curso son permanentes.

• **Los terapeutas son agradables**

Algunas personas piensan que la industria de la salud atrae a muchos psicópatas. Pueden haber llegado a esta conclusión después de haber sido maltratados por una enfermera, un farmacéutico o incluso un doctor. Considerando las demandas de la mayoría de los trabajos médicos, los profesionales pueden fácilmente sentirse estresados y comenzar a desquitarse con personas inocentes; esto no es intencional. Pero después te topas con la Terapia Cognitiva Conductual y te percatas de que los terapeutas son amigables. Han sido entrenados en cómo manejar a todo tipo de personalidades. Por ello, no importa qué tan fuera de la norma parezca estar tu carácter, el terapeuta conectará contigo.

Parte II

CAPÍTULO 3

ENTENDER LA ANSIEDAD

La ansiedad es una respuesta biológica completamente normal. Es una fuerza natural que incrementa nuestra autoconservación en circunstancias peligrosas. Así que, si te encuentras en la necesidad de ir con alguien del sexo opuesto y revelar tus sentimientos, es perfectamente normal estar ansioso. Es perfectamente normal experimentar ansiedad de vez en cuando. Sin embargo, si te encuentras ansioso la mayor parte del día de manera que tu ansiedad interfiere con tu vida diaria, definitivamente estás luchando con un trastorno.

Pero no estás solo. La investigación dice que cada año aproximadamente 40 millones de americanos tienen dificultades con trastornos de ansiedad, lo cual significa que la imagen real podría ser mucho más alta, considerando que es mínima la consciencia pública respecto a las enfermedades mentales.

Los trastornos de ansiedad son problemas de salud serios. Merecen la misma atención que los trastornos de salud física. Un trastorno de ansiedad puede que no sea tan visible para terceros como una enfermedad física, sin embargo, la víctima sí experiencia los problemáticos síntomas.

Trastorno de ansiedad generalizada

Alguien que sufre de trastorno de ansiedad generalizada tiende a experimentar dificultades con rachas de ansiedad impulsiva. Además, la mayoría de sus ataques de ansiedad surgen de razones endebles. Alguien que tiene problemas de trastorno de ansiedad generalizada no puede funcionar de manera normal en la sociedad. En un escenario social, una persona fácilmente parece extraña por su incapacidad de leer señales sociales. Las personas pueden reaccionar tratándolas de forma sospechosa o excluyéndolas de sus círculos.

Las personas con problemas de trastorno de ansiedad generalizada pueden experimentar los síntomas hasta seis meses, y esta ansiedad es atribuida virtualmente a todas las áreas de su vida como la salud, trabajo, relaciones, escuela e incluso hobbies.

Considerando que el trastorno de ansiedad generalizada detiene a uno de tener una existencia saludable, parece justo que la víctima se concentre en superarlo. Hay varios caminos de tratamiento que la víctima puede considerar, no obstante, en general, la Terapia Cognitiva Conductual es la más efectiva.

La gente que tiene problemas con trastorno de ansiedad generalizada encuentra difícil el encajar en la sociedad. Si el problema no se resuelve, quizá nunca encajen. Y considerando que algunas de nuestras necesidades básicas necesitan de otros para ser satisfechas, es increíblemente vital el superar esta condición.

Trastorno de pánico

Digamos que estás recostado en cama durante la noche

cuando, repentinamente, las luces se apagan. A continuación, hay un misterioso silencio en tu apartamento, y aunque estás alerta, realmente nada te preocupa. Pero después, percibes el sonido de pasos aproximándose. Alguien está en la puerta, tocando salvajemente, y antes de que puedas responder, comienzan a patearla. Tiene sentido que, en semejante situación, entres en pánico. Comenzarás a sudar, temblar, tu corazón se acelerará y tendrás pensamientos de muerte inminente. Sin embargo, esto sería una respuesta apropiada considerando a lo que te estás enfrentando. Me refiero a que, si alguien está tratando de derrumbar tu puerta, obviamente no está trayendo buenas noticias. Pero, ¿qué pasa si experimentas esa sudoración y sentimientos de muerte inminente a lo largo del día? ¿Eso sería normal? ¡Por supuesto que no! Pero de nuevo, esa es la realidad de alguien que está teniendo dificultades con un trastorno de pánico.

Esta condición provoca que las personas experimenten ataques de pánico inesperados. Los ataques de pánico básicamente son periodos de miedo intenso que hacen que la persona tiemble, sude o inclusive piense que está a punto de morir. Este tipo de miedo se acelera demasiado rápido, y los impulsores de esta condición no son necesariamente muy grandes. Sin embargo, ese impulsor aparentemente endeble evoca un intenso pavor en la mente de la víctima.

Alguien que está sufriendo de ataques de pánico se estará preocupando en cuándo ocurrirá el siguiente ataque, e intentarán lo mejor para retenerlo evitando escenarios, personas o cosas que asocian con el pánico.

Trastorno Obsesivo-Compulsivo

El trastorno obsesivo-compulsivo es caracterizado por pensamientos no deseados y repetitivos que provocan que la víctima actúe compulsivamente. Alguien con trastorno obsesivo-compulsivo no puede funcionar normalmente en la sociedad. Sus hábitos compulsivos hacen que parezcan extrañas. No pueden funcionar a menos que hayan dado respuesta a su urgencia compulsiva. Por ejemplo, si te obsesionas con enfermarte, puedes desarrollar un hábito compulsivo de lavarte las manos. Así que, no importa lo que toques, debes lavarte las manos. Puede ser algo tan inocente como poner las manos sobre la mesa para que el pensamiento obsesivo se convierta en "¡Oh no, tengo que lavar mis manos ahora mismo!", y no te calmarás hasta que hayas lavado tus manos.

Digamos que tienes pensamientos obsesivos de naturaleza sexual. Así que sigues proyectando en tu mente estos escenarios de sexo salvaje, y tienes la urgencia de tener sexo o de ver pornografía, y la necesidad no se va hasta que cedes ante tu "sed". Lentamente, te verás atrapado en este ciclo.

Trastorno de ansiedad social

Las personas que tienen problemas con un trastorno de ansiedad social tienen una fuerte aversión por los compromisos sociales. Harán todo lo posible para escapar de instancias en las que tienen que socializar con cualquier persona. Lo que ocurre con el trastorno de ansiedad social es que las personas afectadas también lo recienten. Esto significa que, en su corazón, la víctima quiere ser suficientemente libre como para mezclarse con los demás, excepto que no puede hacer nada más allá de estar asustada al respecto. El trastorno de ansiedad social usualmente ocurre cuando una persona piensa que está incompleta, de alguna manera. Por ejemplo, si una mujer joven piensa que es fea, puede desarrollar una aversión por relacionarse con otras personas porque piensa que podrían reírse de ella.

TEPT

El trastorno de estrés postraumático es una enfermedad mental bastante común. Usualmente es impulsada por traumas no resueltos del pasado. Una categoría de americanos que son propensos al TEPT son los militares. Después de años de presenciar el lado horrible de los seres humanos, éste fácilmente puede venir a perseguirlos. Si uno ha sido desplegado a un país en zona de guerra y ha estado involucrado en el fuego de la milicia local, no elimina el hecho de que han matado personas, y en el campo de batalla, la muerte llega de la manera más adversa. Cuando un militar va de un campo de batalla a otro, realmente se dan cuenta de que nunca han reflexionado respecto a lo que han visto, y esto regresa a ellos en la forma de TETP. Estas experiencias traumáticas se reviven como *flashbacks* vívidos, pensamientos obsesivos, visiones e incluso soñando despiertos.

CAPÍTULO 4

SÍNTOMAS DE LA ANSIEDAD

Preocuparse excesivamente

Uno de los síntomas comunes de un trastorno de ansiedad, es el preocuparse excesivamente. Esto ocurre como resultado de pensar demasiado la vida, y por ello, terminar lastimándose por cosas que no lastiman a las personas ordinarias. Muchas personas han desarrollado este hábito de preocuparse excesivamente, y los detiene de tener una vida productiva. Si te encuentras preocupándote demasiado respecto a cosas aparentemente pequeñas, quizá te estás debatiendo con un trastorno de ansiedad. Para darte cuenta de que tienes un problema que necesitas superar, debes incrementar tu nivel de autoconsciencia y entender que tus palabras y acciones son un indicativo de un problema con más significado.

- **Sentirse agitado**

Una señal común de que uno se está enfrentando a un trastorno de ansiedad es la tendencia a estar agitado. Cuando una persona desarrolla ansiedad, su cuerpo es literalmente puesto en modo de pelea o modo avión, y como resultado, su cerebro alimenta excesivamente de sangre a los músculos, como para preparar a la persona ante lo que sea que ocurra; a causa de esto, la persona termina estando agitada. Si usualmente eres una persona calmada y repentinamente te encuentras demasiado agitado respecto a cosas que las personas están haciendo o no, probablemente estás teniendo dificultades con un trastorno de ansiedad. Pero de nuevo, simplemente porque te sientas agotado no significa que automáticamente tienes un desorden de ansiedad. Tiene sentido primero entender la situación.

- **Inquietud**

Este síntoma es particularmente real para los niños y adultos jóvenes. En un estudio de personas jóvenes que reportaron tener un problema de ansiedad, se encontró que más del 70% de estos niños eran inquietos. La inquietud hace referencia a la constante urgencia de moverse. Una persona inquiera no puede permanecer en un solo lugar, y esto trae confusión a su vida. La inquietud tiende a acelerar la mala toma de decisiones, ya que la víctima no tiene la paciencia para recolectar sus pensamientos y tomar una decisión que sirva a sus intereses. Si te encuentras inquieto, quizás desees prestar atención con cuidado para saber si tienes un trastorno de ansiedad.

- **Fatiga**

Es perfectamente normal experimentar fatiga después de realizar trabajos pesados, como mudarse de casa. No obstante, si tienes una tendencia a fatigarte después de haber realizado tareas sencillas o ninguna tarea en realidad, eso es profundamente preocupante. Las personas que se enfrentan a un desorden de ansiedad experimentan fatiga constantemente. Esta fatiga usualmente ocurre como resultado del pensar de más y la inquietud a la que las víctimas se exponen. Obviamente se vuelve muy duro realizar algo productivo cuando gastas toda tu energía la mayor parte del tiempo. Así que, si te encuentras exhausto sin razón aparente, presta atención para que tu atención sea tratada antes de volver tu vida imposible.

- **Falta de concentración**

Para tener un impacto positivo en tu vida, tienes que poner cierto esfuerzo. Nada que valga la pena lograr viene de manera sencilla; se necesita de trabajo duro. Pero para trabajar duro, debes concentrarte. La mayoría de las personas que tienen problemas de ansiedad tienen dificultades concentrándose en lo que están haciendo. Esto obviamente afecta la calidad de sus resultados. La falta de concentración es una enorme señal de que tus entornos emocional y mental están en caos, y que a menos de que trabajes en calmar tu mundo emocional, no serás capaz de concentrarte en nada de lo que hagas.

- **Irritabilidad**

Las personas enfrentándose con un trastorno de ansiedad tienen la reputación de ser groseras. Las personas a su alrededor ponen el esfuerzo de ser amables, pero les pagan con incluso más descortesía. Una persona irritable va por la vida con el ceño fruncido, lista para enojarse ante cualquier cosa o cualquiera que se cruce en su camino, y por esa razón, tienden a esquivarla. Ya que los seres humanos somos, más que nada, animales sociales, realmente se vuelve terrible para ellos, ya que no logran entender por qué nadie quiere estar cerca. Puede ser difícil el darse cuenta de que eres una persona irritable porque siempre racionalizarás tus acciones. Sin embargo, para superar la irritabilidad, primero tienes que apuntar tu trastorno de ansiedad.

- **Músculos tensos**

Las personas que se debaten con trastornos de ansiedad reportan tener dolores musculares. La ansiedad pone tu cerebro en un estado hiperactivo, y esta condición no es de ayuda para tu cuerpo, ya que agota sus recursos. Posteriormente, comienzas a experimentar dolor en ciertas áreas del cuerpo. El cuerpo está compuesto de muchas partes, y para que funcione sin problemas, cada parte debe trabajar eficientemente. Cuando tus emociones o pensamientos son respaldados por la ansiedad, puede haber dolor en ciertos músculos específicos. Una de las maneras más efectivas para superar la ansiedad es a través de una terapia de relajación muscular.

• Insomnio

Uno de los factores que ayudan a tener una vida productiva es la calidad del sueño. Debemos dormir al menos siete horas de calidad cada noche. Sin embargo, algunas personas tienen problemas para conciliar el sueño. Pueden meterse a la cama y fallar en siquiera tener una pisca de sueño por la mayor parte de la noche. El poco descanso que toman tiene sus consecuencias. Les provoca obtener resultados pobres en cualquier actividad que se involucren. El insomnio es uno de los indicadores de que una persona está enfrentándose a un trastorno de ansiedad.

• Mucho sueño

Al otro extremo del insomnio, tenemos a las personas que tienen problemas con salir de la cama. Quieren estar acostados y matar las horas. Por supuesto, estas personas están asustadas del "mundo real" y están tratando de escapar sus retos a través del sueño. Pero entonces, ¡uno no puede escapar de la vida! Ultimadamente, alcanzas el punto en donde no tienes opción más que confrontar la realidad. Si te encuentras durmiendo más de lo que es necesario, puedes estar sufriendo un trastorno de ansiedad, y estás buscando escapar de tu realidad.

- **Apanicarse**

Otra clara señal de que te estás enfrentando a un trastorno de ansiedad es la tendencia a entrar en pánico. Este sentimiento generalmente es activado por razones endebles. Podría ser algo tan simple como ver una película de terror que estimula tus miedos internos, y, posteriormente, te apanicas. En esas circunstancias, inclusive podrías pensar que tu muerte se acerca, fallando en reconocer que el incidente que acabas de ver es ficticio y que tu miedo realmente es imaginario.

- **Evitar a las personas**

Otro indicador fiable de que tienes un trastorno de ansiedad es la tendencia a escapar de la interacción humana. Debes entender que los seres humanos juegan un rol crítico en tu bienestar. Para ser realmente feliz, debemos agregar a otros seres humanos en la ecuación, ya que necesitamos de otras personas para satisfacer nuestras necesidades esenciales. Cuando alguien activamente evita el relacionarse, puede ser una indicación de que tienen un trastorno de ansiedad.

CAPÍTULO 5

CAUSAS DE ANSIEDAD

No es suficiente el saber que padeces de ansiedad, sino que es igual de importante el conocer cómo llegó esa ansiedad. Las siguientes son algunas de las causas de estrés.

- **Problemas de salud**

Necesitas estar en un estado de salud perfecto para tener una vida saludable y lograr objetivos importantes. Sin salud, realmente no hay mucho que hacer. Por lo tanto, cuando desarrollas una condición que es ampliamente perjudicial para tu salud física, puedes encontrarte desarrollando ansiedad. Por ejemplo, si adquieres una enfermedad que no tiene cura, la idea de que no superarás esa enfermedad puede amargar tu espíritu y provocar que te vuelvas ansioso. Es importante recordarte que superarás cualquier padecimiento físico con el que estés batallando, para así no desarrollar pensamientos negativos que, usualmente, maduran en ansiedad.

- **Medicación**

Algunas prescripciones y medicamentos de venta libre pueden traer ansiedad. Esto es porque los ingredientes en estas medicinas pueden volverte inquieto. Si fallas en seguir las instrucciones de consumo óptimo de la medicina, te puede poner en el riesgo de desarrollar ansiedad. Si se te ha colocado a través de una medicación potente por un tiempo significativamente largo, fácilmente puedes abrumarte del constante consumo de medicina, y, en consecuencia, desarrollar una imagen propia pobre. No sería raro que pienses en voz alta, "¿qué está mal conmigo?". Algunos de los medicamentos que notoriamente son causantes de ansiedad son las pastillas anticonceptivas y las pastillas para la pérdida de peso.

- **Cafeína**

Algunas personas no se pueden enfrentar al día sin tener su gloriosa dosis de cafeína diaria. Pero esta es la gran pregunta: ¿La cafeína es buena para ti? Y la respuesta es: ¡Probablemente no! La investigación ha encontrado que ser un consumidor empedernido de cafeína te pone en riesgo de desarrollar ansiedad. Si te das cuenta de que te pones ansioso cada vez que tomas café, quizá desees alejarte de ese hábito, para que así tengas oportunidad de mejorar tu salud emocional y mental. Hay muchas bebidas que son fantásticos substitutos del café.

- **Saltarse las comidas**

Algunas personas han leído en el internet que saltarse comidas les ayudará a perder peso. En lugar de irse por la ruta larga y difícil que involucra prestar atención a lo que comen y desarrollar hábitos fuertes, simplemente se matan de hambre. Pero luego, el matarse de hambre usualmente significa perder peso por eliminar los líquidos retenidos en el cuerpo, lo cual significa que los kilos rápidamente volverán. Lo que es aún peor, es el hecho de que ponerte en un estado de inanición puede causar ansiedad. Si estás buscando perder peso, en lugar de saltarte las comidas mejor asegúrate de prestar atención a tu dieta e involucrarte en ejercicios físicos.

- **Negatividad**

Tu mente juega un rol crucial en la manera que actúas o hablas. Si te encuentras lleno de energía positiva, te encontrarás tomando decisiones positivas, y si estás lleno de energía negativa, te encontrarás tomando malas decisiones. Una de las maneras más profundas en que la negatividad te atrapa es invitando la ansiedad a tu vida. Si estás acostumbrado a percibirte con una luz negativa, tan sólo tendrás cosas desagradables que decir de tu persona, y esto alimentará el que tengas tendencias de auto inhibición. Una mentalidad negativa causa que desarrolles ansiedad y ultimadamente te detiene de alcanzar tus metas de vida importantes.

- **Retos financieros**

Es casi imposible ser feliz cuando estás cargado de deudas. No necesitas millones para ser una persona feliz. Si te faltan los fondos para atender a tus necesidades primarias y secundarias, puedes frustrarte de alguna manera, o incluso estar enojado con la vida. Los retos financieros han empujado a la gente a hacer cosas terribles. Si tus finanzas no están en orden, fácilmente puedes encontrarte desarrollando ansiedad. La mejor manera de asegurar que no eres financieramente débil es desarrollando habilidades de negocios, colaboración y expandir tu espíritu emprendedor.

- **Eventos sociales**

Las relaciones sociales son otra causa mayor de ansiedad. Muchas personas están incómodas con el hecho de tener que interactuar con desconocidos. Esto surge parcialmente del miedo a ser juzgados. Si te da miedo conocer personas, tenderás a desarrollar cierta ansiedad cuando sea que te encuentres en un ambiente social. Si eres una de esas personas que tiene miedo a interactuar con desconocidos, quizá quieras traer un amigo a las funciones sociales.

- **Conflicto**

Si estás acostumbrado a tener conflictos en tu vida, esto no solo incrementa tus niveles de estrés, sino que también puede impulsar un trastorno de ansiedad. El cerebro ha marcado los conflictos como experiencias terribles, así que tu mente siempre verá la forma de escapar de ellos. De esta manera, siempre te encontrarás siendo afectado por cosas que no les afectan a las personas ordinarias. Digamos que uno de tus mayores problemas es manejar una relación. Quizá hayas leído demasiado en las palabras y acciones de tus padres, avivando tus sentimientos. Tu cerebro revivirá los eventos que preceden a los escenarios que consideras irrespetuosos. A la larga, estarás atrapado en un ciclo vicioso negativo.

- **Suplementos para la pérdida de peso**

Vivimos en una era en donde es fácil engordar. Nuestros nutricionistas no son los mejores, y nuestros estilos de vida son básicamente sedentarios. Todo comienza lentamente, y antes de que te des cuenta, estás en el territorio del sobrepeso. La mejor manera de mantenerse en forma y peso es a través de una buena dieta y ejercitarse. ¿Pero quién tiene tiempo para eso? Algunos pseudo-expertos de la salud nos dicen que podemos lograr esto tan sólo tomando pastillas de dieta. En primer lugar, las ventajas de estas pastillas han sido desacreditadas, y, así mismo, parece que también pueden causar ansiedad. Es una pérdida de cualquier lado que lo veas.

• **Estrés excesivo**

Mientras vivas en este planeta, siempre tendrás que lidiar con el estrés. Pero entonces, tienes que entender que algunos niveles de estrés son manejables mientras que otros son totalmente paralizantes. Con el estrés manejable, necesitas una buena risa para superarlo, pero cuando el estrés se vuelve imposible de manejar, se expande a otras áreas de tu vida, manteniéndote cautivo. Los psicólogos creen que el estrés excesivo es una causa de ansiedad. Las circunstancias que promueven el estrés excesivo varían de persona a persona, pero algunas de las áreas comunes incluyen el estar desempleado, la muerte de un ser querido, el divorcio y padecer de una enfermedad crónica.

CAPÍTULO 6

FACTORES DE RIESGO DE LA ANSIEDAD

Los factores de riesgo son meramente cosas que incrementan la posibilidad de adquirir una enfermedad. Cuando se trata de ansiedad, hay varios factores de riesgo que incrementan la probabilidad de que adquieras mencionada condición. Aunque uno puede desarrollar un trastorno de ansiedad sin ninguno de estos factores de riesgo, la presencia de ellos hace más probable que engendres una condición ansiosa. Los siguientes son factores de riesgo para desarrollar un trastorno de ansiedad:

- **Sexo**

Las estadísticas muestran que las mujeres son más propensas que los hombres a tener un trastorno de ansiedad. Una de las razones principales por las que las mujeres tienen una estadística más alta es por su deseo de ver a un doctor, hablar de sus síntomas y obtener un diagnóstico. Las mujeres también tienen hormonas que las predisponen a los trastornos de ansiedad. La expectativa cultural es otro factor que pone a las mujeres en un mayor riesgo de desarrollar un trastorno de ansiedad. Las mujeres obviamente están más preocupadas que los hombres de lo que la sociedad pueda pensar. Así que, encontrarás que una mujer se estresa por cosas que no afectan a un hombre promedio, lo cual puede empujarla a un trastorno de ansiedad.

- **Historia familiar**

Un trastorno de ansiedad puede correr en la familia. Algunas familias son conocidas por ciertas condiciones de salud particulares. Cuando se trata de la ansiedad, los miembros de la familia están predispuestos a la condición, particularmente por la dinámica familiar. Algunas de estas dinámicas incluyen abuso, violencia y sobreprotección. La familia puede tener una forma de hacer las cosas que los predispone a un trastorno de ansiedad. Mientras más miembros de la familia adopten los métodos del resto, se encontrarán bajo el riesgo de desarrollar esta condición. Puede ser difícil superar este reto considerando que nuestras familias influyen la mayor parte del comportamiento humano.

- **Genética**

Cuando dices que la ansiedad está en la familia, usualmente es el resultado de los miembros viviendo sus vidas de una forma que impulsa los trastornos de ansiedad. Por el otro lado, un trastorno de ansiedad también puede estar bien enraizado a la genética de alguien. Si alguien está genéticamente predispuesto a un trastorno de ansiedad, pueden heredar la condición a su descendencia. En el caso de una predisposición a un trastorno de ansiedad, no hay mucho que pueda hacerse para superar la condición, a excepción de aprender, por imitación, mejores hábitos.

- **Abuso de sustancias**

Cuando alguien comienza a abusar de las drogas, usualmente están tratando de escapar de la realidad. Pueden estar desilusionados con su vida. Pueden sentirse profundamente decepcionados de algo. O simplemente pueden no tener sentido de dirección. Y, como ser humano, estos no son los lugares correctos para estar. Por lo tanto, se aferran a las drogas en un intento por entorpecer a sus sentimientos. La situación con las drogas es que, en efecto, pueden hacer que esos horribles sentimientos desaparezcan, pero tan solo por un momento. Una vez que el efecto de la droga cede, los sentimientos previos regresan e incluso con una intensidad mayor, comúnmente arrojando a la víctima en episodios de ansiedad.

- **Enfermedad crónica**

Cuando uno está lidiando con una enfermedad que persiste por meses o incluso años, se está en riesgo de desarrollar un trastorno de ansiedad. La mayoría de las enfermedades crónicas vienen con un conjunto de terribles realidades que hacen la vida difícil. Por ejemplo, la diabetes, una enfermedad crónica común, dificulta que la víctima tenga una vida saludable. Se les restringe de dietas específicas que alguna vez disfrutaron. Así mismo, el cuerpo parece sufrir una paliza debido a la medicación. Todos estos factores incrementan la probabilidad de que una persona desarrolle un trastorno de ansiedad.

- **Factores éticos**

Los seres humanos nos animales sociales. Cuando uno se encuentra rodeado de personas con las que no se puede relacionar, puede causar un gran dolor emocional que ultimadamente impulsará el desarrollo de ansiedad. En la era presente, hay mucha migración de países del tercer mundo al primer mundo. La mayoría de estos inmigrantes están en riesgo de desarrollar trastornos de ansiedad. Esto es debido a las dificultades de ajustarse a una nueva cultura, el complejo de inferioridad, desolación, falta de lazos familiares fuertes y enfrentarse a la hostilidad del país anfitrión.

- **Depresión**

Lo gracioso de las enfermedades mentales es que se presentan en pares o más. Encontrarás que la mayoría de las personas sufriendo con un trastorno de ansiedad también lidian con trastorno de depresión mayor e inclusive otras condiciones. La depresión es una de las formas más comunes de enfermedades mentales. Es caracterizada por largos periodos de sentirse triste y desanimado. Las personas deprimidas tienen dificultades con sentimientos de pérdida o esperanza. Esta condición usualmente pone a uno en riesgo de desarrollar un trastorno de ansiedad.

- **Trauma**

Una experiencia traumática deja a la víctima abrumada, con sentimientos de dolor y pérdida. Puede ser bastante difícil superar una experiencia traumática. Para algunas personas, tienen que vivir recordatorios diarios de esa experiencia, lo cual no es algo bueno. Lo que pasa, usualmente, es que esta experiencia traumática provoca que la víctima desarrolle una percepción de la realidad deformada que los predispone a las enfermedades mentales, y específicamente, al trastorno de ansiedad. La mayoría de las personas que tienen problemas con traumas no resueltos no sólo encuentran difícil el encajar en la sociedad, sino que también tienen dificultades para ser productivas.

- **Redes sociales**

Colectivamente, los seres humanos son muy innovadores.

Una de las áreas que ha experimentado un avance tremendo es la tecnología. Ahora tenemos el internet, que ha revolucionado el mundo, y se debate que el internet, como recurso, es responsable de crear más ganancias que cualquier otro recurso en la historia del planeta. Gracias al internet, hoy en día tenemos varias redes sociales; investigadores han descubierto que una persona promedio pasa varias horas en una plataforma de redes sociales. Por el otro lado, los psicólogos nos advierten que las redes sociales nos pueden predisponer a enfermedades mentales como la ansiedad. Cuando tienes el hábito de revisar tus redes sociales, básicamente estás tratando de medirte a comparación del mundo, y en la mayoría de los casos, encontrarás que te quedas corto, lo cual ultimadamente te hará sentir mal.

- **Intentos de suicidio**

Las personas que tienden a lastimarse a sí mismas están en mayor riesgo de desarrollar un trastorno de ansiedad. Estas personas pueden hacer cosas como cortarse, arrojarse a un río como castigo o incluso golpearse la cabeza contra objetos duros. Estos comportamientos son un indicativo de una profunda pérdida de la esperanza. Para una persona que está buscando terminar con su vida, nada se siente bien, y esto los predispone a desarrollar problemas de salud mental.

CAPÍTULO 7

EFECTOS NEGATIVOS DE LA ANSIEDAD EN LA SALUD FÍSICA

La mayoría de las personas imaginan que un trastorno de ansiedad tan sólo afecta el comportamiento del individuo, sin embargo, hay muchos efectos de la ansiedad en la salud física. Aquí se encuentran algunos de ellos.

- **Palpitaciones del corazón aceleradas**

Debes recordar que la ansiedad es una respuesta biológica

perfectamente normal. Esta respuesta nos ha ayudado a sobrevivir la amenaza de la extinción. Cuando nos encontramos en una situación que nos provoca ansiedad, nuestro cerebro, como consecuencia, decide si necesitamos escapar o pelear, lo cual hace que los latidos de nuestro corazón se aceleren, mandando sangre a todos los músculos críticos que permiten dar la respuesta de atacar o huir. El problema con un corazón de latidos acelerados, es que trae consigo otras condiciones desfavorables, por ejemplo, confusión, mareos y sentirse débil. Se vuelve mucho más difícil hacer cosas que antes solías hacer cómodamente.

- **Falta de aliento**

Asumamos que estás profundamente ansioso respecto a la oscuridad. Cuando tu pareja está cerca, realmente no estás asustado, pero cuando se va, esos pensamientos acechadores regresan. Así que, un día, tu pareja sale de viaje y te quedas solo en casa, lo cual te deja algo intranquilo. En la noche decides dormir con las luces encendidas porque, obviamente, estás asustado de estar en la oscuridad. Sin embargo, antes de quedarte dormido, se va la luz. Comienzas a experimentar sentimientos y pensamientos inquietantes. Mientras incrementan los latidos de tu corazón, te percatas de que te estás quedando sin aliento, lo cual te hará sentirte bastante incómodo.

- **Agotamiento**

Asumiendo que una de tus causas significativas para tener ansiedad es tu imagen, es evidente que te encontrarás desarrollando pensamientos negativos por tener una pobre imagen propia. Por ejemplo, puedes ir caminando en la calle cuando miras a un lado y atrapas un reflejo de ti mismo en una pared de cristal. Inmediatamente piensas que algo está mal contigo y comienzas a preocuparte de que luces terrible. Esto causa que desarrolles tendencias de auto inhibición. Cuando estás obsesionado con tu imagen, tiendes a hacer muchas cosas innecesarias. También estás atrapado en una nube de pensamiento intenso, y, como resultado, puedes estar constantemente cansado.

- **Problemas para dormir**

En la mayor parte, la ansiedad te complica el que vayas a dormir. Cuando tienes un desencadenante para la ansiedad, lo último que quieres hacer es dormir hasta que hayas resuelto tu problema, real o imaginario. Así que te recuestas en tu cama, pero no logras tener una pisca de sueño. Conociendo la importancia de dormir para el funcionamiento general del cuerpo, estás en un gran inconveniente en cuanto al rendimiento de tu persona. Las personas que no duermen adecuadamente tendrán dificultades para desenvolverse en el trabajo. Por el otro lado, los problemas de ansiedad también pueden hacerte dormir en exceso. Algunas personas que tienen ansiedad imaginan que quedarse en cama y rehusarse a despertar puede hacer que la ansiedad se vaya, lo cual es una idea errónea. Para hacer algo, debes despertarte y realmente ejecutar la tarea. Pasar demasiado tiempo en cama te convertirá en alguien que no hace nada, y al final de todo, estarás en una posición mucho peor.

- **Dolor muscular**

Tienes que entender que la ansiedad induce estrés, y el cuerpo reacciona al estrés tensando los músculos. Si tienes un trastorno de ansiedad social, probablemente tenderás a mantenerte rígido cuando otras personas te rodean. Si haces de esto un hábito, obviamente desarrollarás dolor muscular, lo cual es bastante malo para ti. Cuando tienes dolor muscular, éste puede evitar que realices tu trabajo de manera adecuada. Si eres un escritor, quizás tengas un momento difícil sentándote frente a la computadora para escribir un documento. Si eres un maestro, quizá pases un mal rato parándote frente a los estudiantes durante la clase.

- **Inflamación e indigestión**

Cuando uno está batallando con un trastorno de ansiedad, el cerebro responde colocando la mayoría de los recursos en los músculos, ya sea para huir del peligro o combatirlo. Como resultado, la mayoría de las otras áreas del cuerpo carecen de recursos. Una de estas áreas es el estómago. El estómago necesita de muchos recursos para tener una buena digestión. Sin embargo, la ansiedad complica que los intestinos digieran la comida apropiadamente. Esto aumenta tanto la inflamación como la indigestión. Estas son condiciones bastante incómodas de experimentar. Con un estómago inflamado, el movimiento intestinal está desordenado. Con un problema de indigestión, experimentas dolor de estómago, lo cual es una condición profundamente desagradable.

- **Sudoración excesiva**

La sudoración es uno de los síntomas más comunes de un trastorno de ansiedad. Esto es especialmente para las personas que tienen dificultades con un trastorno de ansiedad social. Les dan escalofríos con la mera idea de que deberán pararse y hablar frente a varias personas. Es por esto que quizás hayas notado que en las reuniones sociales algunas personas tienen sudoración en las axilas o en la espalda. Cuando tienes un problema de sudoración excesiva, te puede dificultar el llevar una vida saludable, en el sentido de que siempre será una inconveniencia para ti.

- **Temblar excesivamente**

La mayoría de las personas con un trastorno de ansiedad se encuentran temblando cuando son estimuladas. Por ejemplo, si una persona sufre de trastorno de pánico, temblarán durante el ataque de pánico. Pueden desarrollar ataques de pánico por razones endebles, sin embargo, estarán temblando. Incluso las personas que tienen problemas de ansiedad social tienden a temblar excesivamente. Esto parece venir de su miedo a ser juzgados. Cuando tienes una tendencia a temblar excesivamente, te niega la oportunidad de tener una vida productiva y disfrutar de la compañía de otras personas sin la necesidad de invitar a un escrutinio innecesario.

- ### **Pérdida del lívido**

Uno de los peores efectos de la ansiedad en la salud física es la pérdida del lívido. Todos sabemos que uno de los placeres de la vida es consentir a la actividad sexual con la persona que prefieras. Pero, para disfrutar esta actividad, tiene que existir un combustible sexual, el cual básicamente es el lívido. No obstante, la ansiedad es una de las cosas que pueden disminuir el lívido. Si te pones ansioso respecto al sexo, quizá quieras hacer una o dos cosas que hagan que tu ansiedad se vaya. Por ejemplo, quizás quieras hablar con tu pareja, encontrar algo en común y ver si esto mejora las cosas.

- ### **Irritabilidad**

Alguien que tiene problemas de ansiedad puede exhibir un hábito que lo hará bastante desagradable: ser irritable. Cuando alguien se molesta fácilmente, significa que no quiere a nadie alrededor. No sin razones, pensarás que esto es precisamente lo que quieren, aunque en realidad es lo que recienten. Por un lado, quieren que la gente los acepte y los encuentre agradables, y, por otra parte, no pueden evitar el ser irritables y hostiles. Esto hace que parezcan una paradoja. En el mundo de ahora, no muchas personas tienen la paciencia de entender lo que está viviendo alguien; por lo tanto, al final terminan atrayendo odio innecesario.

CAPÍTULO 8

TÉCNICAS DE TCC PARA ELIMINAR LA ANSIEDAD

Hay varias técnicas de Terapia Cognitiva Conductual otorgadas a un paciente en el contexto tanto de terapia como de vida diaria. Estas son algunas de las técnicas más comunes que un practicante dará a su paciente para superar la ansiedad.

- **Entrenamiento de habilidades**

Uno de los problemas que tienen las personas es la falta de habilidades. Cuando no tienen las habilidades correctas, puede ser bastante problemático. Cuando se trata de trastornos de ansiedad, no es diferente. Para una persona batallando con ansiedad social, puede ser el resultado de simplemente no tener habilidades sociales, de comunicación o habilidades de asertividad. Para superar este reto, obviamente necesitan aprender estas habilidades. Las habilidades sociales no están sembradas en el ADN de uno. Es más que nada una disciplina que cualquiera puede aprender, mientras se ponga el esfuerzo. Muchas personas pueden parecer carismáticas ahora, aun cuando antes se percibían como repulsivas.

- **Tener un diario**

Esta técnica tiene la intención de identificar cómo son tus pensamientos y estados de ánimo. La mayoría de las personas tienden a actuar de manera reactiva sin primero detenerse a entender su proceso de pensamiento. Tener un diario te ayuda a darte cuenta de tus pensamientos y estados de ánimo, el origen y su intensidad. Digamos que, como resultado de perder tu matrimonio, tienes dificultades de estrés postraumático. Quizá un día estés caminando por la calle y veas a alguien que se parece a tu expareja. Esta instancia podría activar un episodio de ansiedad. Sin embargo, cuando reconoces que tu ansiedad brota de ese incidente, estarás en una posición mucho mejor para superar tu condición.

- **Desentrañar distorsiones cognitivas**

La mayoría de las personas que sufre de un trastorno de ansiedad tiende a tener una percepción imperfecta de la realidad, y llegan a este punto debido a sus distorsiones cognitivas. Estas distorsiones cognitivas son meramente pensamientos automáticos hirientes. Por ejemplo, si tienes problemas de ansiedad social, quizá pienses que eres feo, y por ello te mantengas alejado de la gente. Tal vez piensas que, al acercarte a esas personas, expondrás tus debilidades. Pero esto tan sólo es un pensamiento automático que te hace daño. Hay muchas personas con peores rasgos que tú que disfrutan la compañía de otros. Así que, cuando desentrañas tus distorsiones cognitivas, significa que te desharás de tus pensamientos automáticos hirientes para reemplazarlos con creencias positivas. En lugar de pensar que eres feo, comenzarás a pensar que eres hermoso.

- **Exposición y respuesta**

Esta técnica está diseñada para aquellos que sufren de trastorno obsesivo-compulsivo. Se trata, técnicamente, de exponerte a una situación que provoque comportamiento compulsivo pero que te retengas de caer en él. Por ejemplo, si tu hábito compulsivo es revisar la puerta, simplemente siéntate en el sillón y abstente de revisar la puerta. Sentirás como si tuvieras que ir a la puerta y mirar una vez más, pero tendrás que recordarte que ya lo has hecho y no hay razón para hacerlo de nuevo.

- **Exposición interoceptiva**

Esta técnica es usada para tratar a las personas con trastorno de pánico. Esencialmente se trata de ayudar a los pacientes a entender que los efectos del pánico no son necesariamente malos. La mayoría de las personas que tiene trastorno de pánico tienden a tener un sentido inminente de fatalidad, y esto es un miedo imaginario que los atrapa en mencionada condición. El ser expuesto a una situación que provoca su pánico y tener que pasar a través de la actividad mental resultante, les hace darse cuenta de que su trastorno de pánico puede ser superado exitosamente. Por ejemplo, si uno de los reactivos de su desorden de pánico es un evento traumático, pueden ser expuestos a situaciones que traigan de vuelta esos sentimientos para después confrontarlos.

- **Exposición a pesadillas**

Esta técnica es usada para ayudar a las personas que sufren te ataques de pesadillas. Tan sólo se trata de confrontar tus miedos. Si una persona batalla con pesadillas, quizá tenga problemas en tener sueño de calidad, lo cual tendrá un serio impacto en su calidad de vida. La exposición a pesadillas se trata de crear escenarios que den tema de pesadilla, y una vez que lleguen las emociones acompañantes, el practicante le ayudará al paciente a entender bastante bien sus emociones. A la larga, el paciente entenderá que las pesadillas simplemente son problemas imaginados.

- **Sigue el guion hasta el final**

Esta técnica es usualmente para aquellos que batallan con miedo o ansiedad. Está destinada a ayudar a la víctima a entender que el miedo tan sólo está manufacturado en su cabeza. Por ejemplo, si tienes problemas de ansiedad social, quizá hayas desarrollado el hábito de evitar a las personas.

Esta técnica busca ponerte en una situación en donde no puedas evitar a las personas, y después te darás cuenta que en el peor de los casos, nada terrible puede ocurrir. En esencia, se trata de conquistar tus miedos. Después de esto, la víctima se da cuenta que tan sólo ha sido retenida por su miedo a lo desconocido.

- **Relajación muscular progresiva**

Esta técnica no sólo es usada para tartar la ansiedad, sino que es una excelente técnica para la meditación de *mindfulness*. Para eliminar la ansiedad, es una técnica muy útil. La relajación muscular progresiva ayuda a que la persona se sienta cómoda consigo misma. Consiste en relajar un grupo muscular a la vez hasta que experimentes un bienestar general en todo el cuerpo. Puedes realizar este ejercicio con la asistencia de videos de YouTube o con una audioguía. Este ejercicio puede ser incorporado en tu vida diaria para obtener mayores resultados.

- **Respiración relajada**

Los psicólogos creen que una de las formas de combatir la ansiedad es a través de la respiración profunda. Cuando sea que te encuentres al comienzo de un ataque de ansiedad, tan sólo extiende tus brazos y haz respiraciones profundas. La explicación científica es que respirarás más oxígeno, y entre más oxígeno entre a tu cerebro, estarás en una mejor posición de calmarte ante la situación que provocó la ansiedad. Con la respiración relajada, todo lo que necesitas es comprometerte con tu tiempo, considerando que puedes hacer este ejercicio básicamente en todos lados.

Parte III

CAPÍTULO 9

ENTENDER LA DEPRESIÓN

La depresión es una enfermedad mental común que afecta negativamente tus sentimientos, pensamientos y comportamientos. Básicamente, todo quien camina sobre la faz de la Tierra ha experimentado depresión. Quizá haya llegado tras haber perdido tu empleo, a un ser querido, una ruptura repentina o una racha de mala serte. Cuando la depresión llega apenas y puedes ignorarla, ya que presionará hasta que notes su presencia. La depresión usualmente causa que la víctima se sienta triste y pierda el interés por las cosas que previamente había encontrado fascinantes. Además, la depresión reduce la productividad de uno y afecta la habilidad de funcionar en sociedad.

No siempre hay un reactivo observable para la depresión.

Para la mayoría de las personas, al deprimirse siempre pueden apuntar a algo y considerarlo como un factor de su depresión. Puede ser un accidente, la pérdida de un empleo o una pelea en redes sociales. Sin embargo, la depresión también puede ocurrir cuando todo aparenta estar bien. Esto es porque la depresión puede emanar del subconsciente, siendo impulsada por factores que están fuera de nuestro alcance consciente. Esto significa que no siempre puedes saber la causa de tu depresión, a menos que tengas la asistencia de un profesional de salud mental. La depresión tiene muchas caras, y puede ser bastante complicado entenderla en un comienzo.

Señales clave de la depresión o estrés emocional

La primera señal es un cambio de personalidad. Cuando alguien tiene problemas de depresión, notarás que su personalidad ha cambiado. Si antes eran individuos despreocupados y alegres, repentinamente podrían volverse fríos. La segunda señal es agitación. Quizás puedas notar que una persona exhibe niveles de agitación improcedentes, lo cual es usualmente muy diferente a como los conocías. La tercera señal es retracción. Alguien que está luchando con depresión raramente quiere estar con otras personas. Se encerrarán en una cueva y se mantendrán escondidos. La cuarta señal es un cuidado propio pobre. Alguien que se enfrenta a la depresión deja de cuidarse porque piensa pobremente de sí mismo. Finalmente, una persona deprimida pierde la esperanza. No los verás haciendo cosas que se necesitan hacer porque ya han perdido toda la esperanza.

Hay más en la depresión que tan sólo tristeza

Alguien puede sentirse triste y no estar deprimido. La tristeza es una emoción humana común, y la en su mayor parte, de corta duración. Puedes estar triste ahora, y un momento después sentirte jubiloso. La tristeza no es lo mismo que la depresión. De hecho, algunas personas que van por la vida portando una sonrisa podrían estar fuertemente deprimidas. La depresión es, en su mayor parte, un estado. Provoca que pierdas el interés en las cosas que alguna vez te gustaron. Y causa que desarrolles una nueva actitud respecto a la vida. Si la depresión no es atendida a tiempo, puede arruinar totalmente la vida de una persona.

La depresión también puede afectar a los niños

Hay un mito de que la depresión es un problema de adultos. Pero lo que algunas personas no se dan cuenta es que la depresión puede afectar también a los niños. Los niños pueden no tener muchos problemas que tienen los adultos, como dificultades financieras, relaciones fallidas o estrés relacionado al trabajo. Empero ello, no significa que la infancia esté libre de todos los problemas. Tiene su propio conjunto de conflictos, incluyendo la presión de otros compañeros, bullying y autoestima, que fácilmente pueden fomentar episodios de depresión. La depresión en los niños es mucho peor porque no tienen la capacidad mental para entender qué está pasando.

Es una enfermedad real

Algunas personas cometen el error de hacer menos su depresión. Cuando los síntomas se vuelven más fuertes, pueden sentirse que se están volviendo locos, en lugar de darse cuenta de que necesitan ayuda médica. Estas personas usualmente esperan hasta que es muy tarde. En el peor de los escenarios, la depresión puede hacerte descender a adquirir el peor hábito que jamás hayas imaginado posible. Si tienes depresión y la ignoras, estás en riesgo de caer directo al piso. Cuando se trata de eliminar la depresión, lo más importante es incrementar tu autoconsciencia, para así reconocer los pensamientos y comportamientos negativos.

La depresión es tratable

Algunas personas que tienen problemas de depresión se sienten realmente sin esperanzas porque piensan que no hay una cura. Obviamente, están equivocadas. La depresión es una enfermedad bastante tratable. Las dos formas más comunes de tratar la depresión son la medicación y la psicoterapia. Ambos caminos de tratamiento tienen sus ventajas y desventajas. Debes tener la asistencia de un profesional de salud mental para escoger el tratamiento que mejor te acomode. La mayoría de las personas parecen seleccionar la psicoterapia, y específicamente, la Terapia Cognitiva Conductual, la cual está adquiriendo más seguidores debido a su impacto positivo.

La depresión no tratada es la principal causa de suicidio

Las personas no se quitan la vida simplemente porque están experimentando dificultades. Hay muchas personas con más retos de los que puedes imaginar, pero nunca pensarían en quitarse la vida. Una de las principales causas del suicidio es la depresión no tratada. Cuando una persona ha perdido toda la esperanza, sus habilidades de pensamiento crítico pueden bloquearse, y como resultado, pueden incluso cuestionarse el sentido de la vida, lo cual es la línea de pensamiento que impulsa a uno a suicidarse. Por lo tanto, es importante recibir ayuda inmediatamente después de notar que estás sufriendo depresión.

La depresión te impide ser sexual

Las relaciones juegan un rol esencial en nuestras vidas. Si tenemos relaciones fuertes, no importan las circunstancias, seremos felices la mayor parte del tiempo. Para mantener estas relaciones, debemos satisfacer sexualmente a nuestras parejas. No es razonable el mantenerse por largos periodos de tiempo sin tener sexo con tu pareja. Así que, cuando te encuentres sin sentir esa urgencia, quizá quieras asegurarte de que no estás deprimido, ya que la depresión tiende a eliminar la urgencia sexual. Quizá sea la manera del cerebro de decirte que primero reestablezcas tu balance emocional.

Pasar tiempo con gente deprimida puede deprimirte

Hasta cierto punto, la depresión es como un resfrío. Puedes adquirirlo de alguien que ya sufre de él. Así que debes ser cuidadoso de con quién pasas la mayor parte de tu tiempo. Si tienes una tendencia a salir con personas deprimidas, probablemente desarrollarás sus hábitos, y, en consecuencia, volverte igual de deprimido. Pero si sales con gente positiva, desarrollarás una mentalidad positiva, y te encontrarás a ti mismo actuando positivamente. Puede ser difícil el desasociarse de una persona negativa que has conocido por mucho tiempo, pero cuando la alternativa es mucho peor, no te queda opción.

La depresión se puede manifestar de forma diferente en hombres y mujeres

Así como el comportamiento de un individuo durante la depresión está ligado a su personalidad, hasta cierto punto, el sexo de una persona también juega un papel. Un hombre y una mujer pueden estar deprimidos, pero habrá un mundo de diferencia en cómo actúen. El hombre tiende a volverse irritable o retraído. Por el otro lado, es más probable que la mujer esté afligida y se aferre a sus amigos.

Ejercitarse puede ayudar

Cuando alguien va al gimnasio, pueden asumir que lucen en buena forma. No hay nada de malo en estar en forma. Pero, ¿sabías que el ejercitarse también puede ayudar con la depresión? Cada vez que te sientas bajo de espíritu, tan sólo ponte un atuendo deportivo y ve al gimnasio. Encontrarás que los entrenamientos intensivos tienden a eliminar los síntomas de la depresión. Sin embargo, también tienes que darte cuenta de que para superar la depresión debes confrontar el problema real que está detrás. Meramente tratar los síntomas no será de ayuda.

La dieta puede ser de ayuda

Justo como el ejercicio, la dieta también puede ser de ayuda. Muchos estudios apuntan el hecho de que hay una correlación entre lo que comemos y la salud mental. Si estamos acostumbrados a comer dietas pobres, somos más propensos a tener una salud emocional pobre. Pero si estamos acostumbrados a alimentarnos con buenas dietas, ciertamente tendremos una buena salud emocional. Una dieta balanceada consiste de varios alimentos nutritivos, y debemos hacernos al hábito de consumirlos.

CAPÍTULO 10

SÍNTOMAS DE LA DEPRESIÓN

Estos son algunos de los principales factores que indican que estás sufriendo de depresión.

- **Pérdida de la esperanza**

Cualquier persona caminando sobre la faz de la Tierra aspira a lograr algo. Su felicidad está ligada a lograr ese objetivo. Lo gracioso de la mente es que mientras estés trabajando duro por alcanzar un objetivo, tu mente estará bien con ello. Sin embargo, una vez que dejas de imaginar que alcanzarás ese objetivo, se vuelve problemático. El momento en que pierdes la esperanza respecto a la vida es un claro indicador de que estás batallando con un trastorno depresivo mayor. Todas las personas sanas deben guardar cierta esperanza respecto al mañana o sobre lograr algo que siempre han estado esperando.

- **Pérdida de interés**

¿Alguna vez haz visto a alguien sumamente interesado en un pasatiempo particular, pero después, en cierto punto, dejan de preocuparse? Puede significar que tienen algo mejor que hacer. Pero también puede significar que están deprimidos. Esto es lo que la depresión hace. Te hace perder el interés en las cosas que alguna vez te gustaron. Así que, si te encuentras desinteresado por las cosas que alguna vez amaste, quizás quieras ver a un profesional de salud mental y asegurarte de que no tienes depresión. La depresión no siempre es ruidosa. Puede inmiscuirse en ti, influyendo en pequeñas partes de tu vida, hasta que es demasiado tarde para salvar la situación.

- **Cansancio**

Es bastante normal es estar cansado después un trabajo físicamente demandante. Pero, si acabas de despertarte, tomaste el desayuno y te percataste de que estás exhausto, quizá tengas depresión. La mente de la persona promedio con depresión tiende a reaccionar exageradamente. Y esta actividad mental intensa consume todos los recursos, lo cual deja a la persona sintiéndose exhausta. El estrés emocional que la mayoría de las personas con depresión experimenta es, usualmente, abrumador. Como resultado, la víctima siente como si el mundo se derrumbara frente a ella.

- **Problemas para dormir**

Otro síntoma primario de la depresión son los problemas para dormir. Para una persona bien ajustada, ocho horas de sueño cada noche son suficientes. Por ello, si te encuentras con poco sueño o durmiendo excesivamente, quizá tengas depresión. La falta de sueño, o insomnio, pueden tener efectos negativos en tu vida. Ya que no descansas lo suficiente por la noche, no tendrás la energía necesaria para pasar el día. La falta de sueño también te vuelve irritable, lo cual aleja a las personas de ti. Por otro lado, dormir excesivamente tampoco es adecuado; consume tus horas productivas y te convierte en un saco de huesos perezosos.

- **Ansiedad**

Esta condición es caracterizada por preocuparse excesivamente. La mayoría de las personas que tienen problemas con la depresión tienden a batallar con ansiedad también. La persona deprimida promedio usualmente tiene varias distorsiones cognitivas. Ya que su percepción de la realidad es defectuosa, al final terminan siendo afectadas por cosas que no afectan a las personas normales. La ansiedad usualmente causa que desarrolles hábitos auto inhibidores que te dificultan el relacionarte con otros. En el peor de los casos, la ansiedad causa que evites a los demás, ya que piensas que desean hacerte daño.

- **Cambios en el apetito**

Algunas personas toman la depresión comiendo de más y otras absteniéndose de la comida, que, en cualquiera de los casos, es malo. Sin duda alguna, alguien que come excesivamente aumentará de peso, y si no se detienen, terminarán volviéndose obesos, lo cual es indeseable. Cuando uno se vuelve obeso, usualmente desarrollan una imagen propia negativa. Este nuevo desarrollo podría empeorar sus circunstancias. Por otra parte, cuando una persona se mantiene lejos de la comida o come muy poco, su cuerpo entra en modo de inanición, comprometiendo varios procesos psicológicos. Uno debe tener un apetito promedio en donde no se come ni mucho ni poco.

- **Emociones impredecibles o no tener emociones**

Lo preocupante de la depresión es el hecho de que tiene extremos emocionales polares. Por un lado, uno puede experimentar emociones impredecibles, de forma que un momento puedes estar feliz y al siguiente triste, y después feliz de nuevo. De esta manera, nunca sabrás que esperar. Por el otro lado, en algunos casos las víctimas no tienen emociones. Pueden portar una expresión vacía y la personalidad de una roca. Esta falta de emociones es realmente aterradora. Una persona ajustada debe ser capaz de demostrar las emociones que está experimentando.

- **Pensamientos suicidas**

La depresión está invariablemente conectada a los pensamientos suicidas. Éstos vienen del hecho de que el individuo ha perdido toda la esperanza, lo cual significa que no le ve el sentido a la vida. Una vez que has alcanzado esta etapa, puedes comenzar a pensar en formas de terminar con tu vida. Te desvías pensando que eso ayudará tu situación, cuando en realidad, tan sólo hará tu situación peor, considerando la cantidad de dolor que le causarás a tus seres queridos. Si te encuentras jugando con la idea de suicidio, acércate a un profesional de salud mental, porque claramente estás sufriendo depresión.

- **Culpa**

Si has hecho algo terrible, como robar o matar, es natural sentir culpa. Pero si no has hecho nada y de alguna manera pareces tener problemas con sentimientos de culpa, esa es una clara señal de que estás batallando con depresión. La culpa puede limitarte de ser tú mismo. Provoca que desarrolles hábitos de auto inhibición, y a la larga, dejas de ser tú mismo. Así que cuando notes que te sientes culpable sin que exista alguna causa probable, quizá desees buscar asistencia médica. La depresión tiene su forma de invadir a alguien, primero haciendo pequeños impactos, y una vez que se ha enraizado, los síntomas se vuelven mucho más fuertes.

- **Problemas digestivos**

Esto no significa que tienes depresión cada vez que tengas un problema digestivo. La mayoría del tiempo, se deberá por hábitos alimenticios pobres. Sin embargo, los investigadores han encontrado que hay una conexión entre los problemas digestivos y la depresión. Si te percatas de que tienes inflamación estomacal o indigestión, incluso cuando tu dieta es perfecta, hay una posibilidad de que estés sufriendo de depresión.

- **Irritabilidad**

Esto aplica especialmente para los hombres. La mayoría de los hombres que tienen problemas de depresión, se vuelven irritables. En otras palabras, se molestan fácilmente. Estar alrededor de ellos es similar a caminar sobre espinas. ¿Quién quiere eso? Justamente es por esto que la gente los excluye. Cuando eres irritable, se vuelve difícil trabajar con otra persona.

CAPÍTULO 11

CAUSAS DE LA DEPRESIÓN

Muchas personas sufren de depresión, pero ésta es causada por muchos diferentes factores. Estas son algunas de las causas comunes de la depresión.

- **Abuso**

Esta es una de las principales causas de la depresión, especialmente si uno experimentó abuso como niño. Las personas que han sido abusadas, en algún punto, tienen dificultades en superar esas emociones desagradables. Quizá fue abuso físico en donde eran golpeados por sus padres o amigos. Tal vez fue abuso sexual en donde sus parejas o extraños tomaron ventaja de ellos. O quizás fue abuso emocional en donde fueron emocionalmente explotados por personas que tenían autoridad sobre ellos, por ejemplo, jefes, padres, parejas o incluso amigos. El abuso infantil es el peor. Usualmente evoca muchos sentimientos desagradables y la víctima rara vez sabe cómo resolverlos, especialmente si los padres ejercieron la violencia.

- **Medicación**

La depresión puede surgir como resultado de una prescripción médica o por automedicación. No es tu culpa, solamente es lo que es. Es por esto que siempre debes tener asistencia médica de profesionales calificados. Ellos te guiarán para recibir la medicación apropiada sin ponerte en riesgo de desarrollar depresión. Sin embargo, en algunas situaciones es inevitable. Lo bueno de este tipo de depresión, es que desaparece cuando se van los efectos de la droga. Así mismo, asegúrate de tomar la prescripción sin romper las instrucciones. Una sobredosis o una dosis baja pueden impulsar la depresión.

- **Conflicto**

La depresión puede surgir como el resultado de estar involucrado en muchos conflictos. Puedes estar teniendo una disputa con tu familia, amigos, colegas o incluso corporaciones. Ordinariamente, ambas partes son antagonistas, y al final del día, no se alcanza ningún compromiso. Este constante estado de conflicto te puede hacer emocionalmente vulnerable e impulsar la depresión. Por lo mismo, debes mantener la paz en tu vida. Esto no significa que debes dejar que todo mundo pase por encima de ti a su gusto. Te encontrarás en la necesidad de dar la cara a pesar de la probabilidad de conflicto -y, sin embargo, esta será la mejor decisión. Sin embargo, asegúrate de alejarte del conflicto cuando la situación lo permite.

- **Pérdida**

Otra causa de depresión es la pérdida. Como seres humanos, tendemos a aferrarnos a varias cosas o a las personas, y una vez que nos quitan estas cosas o personas, todo se va al infierno. Dependiendo del grado de apego, la pérdida de una propiedad o de un individuo, puede traer un dolor significativo a nuestras vidas, culminando en la depresión. ¿Esto significa que debemos dejar de aferrarnos a las cosas importantes o a las personas? ¡Por supuesto que no! Pero entonces, debes de desarrollar la fortaleza mental para resistir cualquier tipo de pérdida y no caer en los vicios para lidiar con ello. Estoy seguro de que has visto muchas personas que no se han recuperado después de perder a sus seres queridos. Quizá hayan caído en el alcohol u otras drogas para así adormecer el dolor.

- **Genética**

¿Sabías que la depresión podría deberse a tu genética? Los investigadores han encontrado evidencia de que algunas personas están genéticamente predispuestas a tener depresión. Así que, si estás combatiéndote con la depresión en el presente, y la tienes en tu ADN, hay una gran probabilidad de que tu herencia también tenga problemas de depresión. Cuando la depresión está genéticamente sembrada, se vuelve mucho más difícil superar esta condición. Pero aún entonces, no toda la esperanza está perdida, y hay ciertas cosas que puedes hacer para tener una vida satisfactoria y libre de los efectos adversos de la depresión.

- **Eventos mayores**

La persona promedio siempre está buscando dar el gran paso adelante, y cuando pasa, rápidamente lo mostrarán en sus redes sociales. ¿Pero sabías que los eventos significativos pueden traer represión? Ya sea tener un nuevo empleo, un incremento de salario, divorciarse o moverse a otro país, viene con la sensación de estar abrumado, lo cual ciertamente puede activar la depresión. ¿Esto significa que debemos dejar de avanzar en la vida? ¡Por supuesto que no! Pero debemos estar al tanto de que ciertos eventos en la vida pueden traer depresión, lo cual significa que debemos modificar nuestros recursos mentales para sobrellevar estos eventos significativos.

- **Problemas sociales**

Cuando escuchas a una persona decir que le gusta estar sola, no tomes su palabra. Nadie puede soportar el aislamiento absoluto. Incluso los introvertidos necesitan socializar de vez en cuando con otras personas para sentirse felices. Cuando alguien tiene dificultades para encajar en la sociedad, rápidamente pueden deprimirse. Esto es porque los seres humanos son animales sociales, y hay muchas necesidades que tan sólo pueden ser satisfechas en un contexto social. Algunas de las razones por las que la sociedad excluye a alguien, incluyen el realizar actos abominables y las enfermedades mentales.

• Enfermedades graves

La depresión puede surgir como resultado de una enfermedad mayor. Las enfermedades crónicas usualmente tienen efectos desagradables en la víctima. Por ejemplo, el asma provoca que uno sienta un dolor tremendo. Ahora imagina tener que lidiar con este dolor por meses o incluso años. Corrompe tu espíritu para luchar. Una vez que pierdes la esperanza de mejorar, llega la depresión. Gracias al cielo, vivimos en una era en donde la mayoría de las enfermedades pueden ser tratadas. Así que, no importa lo que estés padeciendo, descansa seguro de que hay una forma de manejar tu enfermedad o al menos de disminuir los síntomas.

• Abuso de sustancias

Cuando vez a alguien con drogadicción, ¿qué se te viene a la mente? ¿Probablemente piensas que la persona es hedonista? Pero eso es tan sólo parcialmente cierto. La verdadera causa detrás de su adicción son los sentimientos de vacío y la pérdida de la esperanza. Las personas recurren a las drogas para escapar la realidad. Pero, tristemente, ese sentimiento de euforia tan sólo se vive por un momento, lo cual crea la necesidad de incrementar la dosis. Después esto continúa en un ciclo negativo hasta que el adicto termina enterrado en la drogadicción. Así que, cada vez que no toman una dosis de su droga favorita, desarrollan depresión.

- **Nutrición pobre**

Otra causa de depresión es la nutrición pobre. Los investigadores han encontrado que hay una conexión entre lo que comemos y nuestra salud mental. Si tenemos una dieta pobre, nuestra salud mental será igual de pobre. Y si tenemos una gran dieta, nuestra salud mental también será excelente. Así que has un hábito del comer los nutrientes necesarios. Minimiza tu consumo de carne roja y de bebidas azucaradas. Incrementa tu consumo de frutas y vegetales.

CAPÍTULO 12

FACTORES DE RIESGO PARA LA DEPRESIÓN

La depresión no discrimina edad, raza o género. Afecta a todos. Sin embargo, hay algunos factores que hacen a una persona susceptible de desarrollar depresión. Estos son algunos de los factores que incrementan la probabilidad de deprimirse.

- **Bajo autoestima**

Cuando decimos que una persona tiene baja autoestima, nos referimos a que la percepción de sí misma es negativa en su mayor parte. Su imagen propia no es muy buena. Estas personas son buenos candidatos para la depresión. Una baja autoestima no sólo te deprime, sino que también quita toda la diversión de tu vida. La mayoría de las personas que tienen problemas de baja autoestima tienen tendencias de auto inhibición que los detienen de notar su verdadero potencial. Por ejemplo, uno puede tener un talento específico, pero no tienen el coraje de tomar la iniciativa y verse brillar. Terminar como otro triste caso de potencial perdido.

- **Desorden de personalidad**

Hay muchos factores que son responsables del éxito. Pero si podemos mencionar uno, ese tiene que ser la personalidad. Esto es porque el verdadero éxito ocurre en un contexto que involucra a muchas otras personas. Para conquistar a la gente, debes tener una personalidad agradable. Todos nacemos con una personalidad encantadora, pero en algún lugar del camino, se nos enseña a estar avergonzados de nosotros mismos, y esto crea varios desórdenes de personalidad que aleja a los demás de nosotros. Un trastorno de personalidad puede predisponerte a la depresión. La mayoría de las personas que tienen trastornos de personalidad son agudamente conscientes de ello, y siempre hay un conflicto interno ocurriendo, lo cual ultimadamente activa la depresión.

• Dificultades financieras

Uno de los peores retos a los que enfrentarse es el dinero. La mayoría de nuestras necesidades, y definitivamente los lujos, requieren dinero. ¿Qué pasa cuando no tienes dinero para satisfacer tus necesidades, sin mencionar tus deseos? Puede ser una experiencia desagradable. Las dificultades financieras no sólo hacen tu vida difícil, sino que también te predisponen a la depresión. Hay muchas personas que se han quitado la vida por no ser capaces de cubrir sus deudas. La miseria financiera es uno de los peores tipos de dolor que alguien se puede enfrentar.

• Muerte de un ser querido

Los seres humanos son animales sociales. Estamos formando relaciones. Nos sentimos seguros en relaciones con las personas que amamos, pero los seres humanos son mortales. Así que, ¿qué pasa cuando nos quitan a la persona que más amamos? Nos sentimos totalmente perdidos. Alguien que ha perdido a su ser querido está en considerable riesgo de desarrollar depresión. Pero entonces, tienes que recordar que la muerte es una ley natural, y no podemos desear que se vaya. La única opción que tenemos es el volvernos emocionalmente duros de forma que cuando se nos quite a un ser querido, no estemos consumidos por siempre en la pena, sino que tengamos el coraje necesario para seguir adelante.

- **Traumas de la infancia**

Alguien que fue abusado de niño probablemente está en mayor riesgo de desarrollar depresión en la adultez. Lo que ocurre con los traumas de la infancia, es que nunca serán resueltos. Cuando eres un niño, no tienes la mentalidad para tomar acción. Literalmente estás a la merced de tu atormentador. Pero entonces, un niño tiene la cognición de lo que les está pasando. Los niños tienen una profunda consciencia de ser heridos. Reprimen esas emociones hasta que son lo suficientemente adultos como para admitir ante sí mismos el que fueron abusados. El trauma infantil trae consigo bombas de sentimientos y rencor particularmente poderosas.

- **Alcoholismo**

Una cosa que debes de recordar del alcohol es que es un depresor. Esto significa que cuando lo bebes, estás predisponiéndote a un estado de ánimo depresivo. No es extraño que la mayoría de los alcohólicos sufran de algún tipo de depresión. Cualquier momento en que estén sobrios, estarás deprimidos, así que deben emborracharse para olvidarse de sus problemas, pero tan sólo lo logran durante este periodo. Por ello, deben continuar ingiriéndolo para asegurar un estado de "felicidad", también conocido como aislamiento de la realidad.

• Falta de apoyo

Ningún ser humano está en una isla desierta. Cada persona necesita ayuda de los demás. Si una persona se ha decepcionado de nunca recibir ayuda de los demás, tienden a desesperarse, invitando a la depresión. El mejor ejemplo de que las personas se pueden desesperar fácilmente como resultado de la falta de ayuda, son las masas de desempleados. Ellos piensan que "el sistema" les ha fallado. Es por esto que tienden a desarrollar una mala actitud hacia cualquier representativo del sistema. Tan bien como está poner esperanza en las personas, tampoco hace daño el desarrollar autosuficiencia. No puedes ser genuinamente autosuficiente, pero aprender habilidades de supervivencia hará un mundo de bienestar cuando te fallan las personas con las que contabas.

- **Excentricidad**

Cuando hablo de individuos excéntricos, no me refiero realmente a las personas que desafían a la sociedad para hacer una declaración. Tan sólo son excéntricas porque tienen una agenda. Me refiero a esas personas que son excéntricas sin siquiera darse cuenta de ello. Para una persona así, se pueden sentir como si no fueran nativos del planeta Tierra, porque no hay nada que les emocione de los seres humanos. Hacen cosas de la manera opuesta, no porque estén buscando atención, sino porque les parece personalmente correcto. Naturalmente, la sociedad está en contra de estas personas, y puede causarles un enorme estrés emocional. Si eres una persona excéntrica, tienes que desarrollar el coraje para defender tus creencias, y no debes acobardarte para ser menos intimidante y hacer que las personas a tu alrededor se sientan cómodas.

- **Desorden alimenticio**

La comida juega un rol significativo en nuestras vidas. Esto es porque la comida nos alimenta. No se supone que debas tener demasiada comida, y de igual manera, no se supone que comas muy poco. Algunas personas con desórdenes alimenticios tienen a comer muy poco, y esto no sólo trae inconvenientes a sus procesos psicológicos, sino que también los predispone a la depresión. Algunas personas tienen la tendencia de comer cosas bajas en nutrientes. Obviamente, se están perjudicando a sí mismos. Asegúrate de tener hábitos alimenticios adecuados.

CAPÍTULO 13

EFECTOS NEGATIVOS DE LA DEPRESIÓN EN LA SALUD FÍSICA

Falta de sueño

Cuando estás deprimido, tu cerebro piensa que algo está totalmente mal, y por esa razón, trabaja de más buscando una solución. Este estado de alerta puede negarte el sueño. La mayoría de la gente deprimida tiende a estar en cama sin dormir ni una pisca. Puedes imaginar todos los efectos negativos que vendrán si esta condición se prolonga. La falta de sueño significa que uno no descansa. Se vuelve retador el tomar roles tradicionales. Y con la pérdida de productividad, puedes perder estatus, e incluso, ganancias potenciales.

• Dolores de cabeza

Algunos investigadores han apuntado que la depresión es únicamente la forma en que la mente comunica un mensaje importante. Pero este mensaje no siempre es obvio. Por ello, puede traer alguna inquietud mental. En casos severos, uno puede desarrollar migrañas. Cuando tienes dolor de cabeza, no puedes funcionar de manera normal. Los dolores de cabeza tienden a volvernos pensadores críticos más pobres, y nos quitan la capacidad de ser productivos. Si batallas con un dolor de cabeza por un largo tiempo, obviamente tu productividad se verá afectada. Algunas formas de dolores de cabeza son mortales.

• Dolor crónico

Cuando uno está deprimido, el cerebro cree que estás teniendo momentos difíciles, y como resultado, manda la mayoría de los recursos a los músculos. En algunos casos, puede causar dolor muscular. Por ello, las personas que tienen problemas de depresión tienden a batallar con dolor crónico. Por supuesto, se vuelve difícil ser productivo y disfrutar la vida cuando te enfrentas al dolor crónico. Así mismo, es un asunto caro. No sólo tienes que buscar ayuda para tu depresión, sino que también debes deshacerte del dolor crónico, lo cual puede llevarte a tener que comprar varios medicamentos.

- **Agotamiento**

Combatir la depresión no es un juego. Utiliza muchos recursos mentales. Alguien debatiéndose con la depresión puede quedarse todo el día en casa, y, al atardecer, estará exhausta de pensar demasiado. Cuando una persona está deprimida, es probable que esté sobre pensando algo, dedicando sus recursos mentales a pensar en cómo superar su problema. El cerebro usa todos los recursos al intentar hacer sentido del estado mental depresivo. Es por eso que ves perdiendo peso a la mayoría de las personas deprimidas.

- **Problemas estomacales**

Debido a la depresión el cerebro destina recursos excesivos a los músculos, para así ayudar al impulso de pelear o huir. Como resultado de asignar recursos de más a los músculos, otras partes esenciales son restringidas de energía, lo cual invariablemente afecta el funcionamiento de algunos sistemas del cuerpo. Uno de estos sistemas es el aparato digestivo. Cuando la mayoría de los recursos son destinados a los músculos, se vuelve complicado para los intestinos el digerir comida como si estuviera en circunstancias normales. Y después, como resultado, la víctima tiene problemas gastrointestinales como inflamación estomacal o indigestión.

- **Inflamación**

Cuando el cerebro coloca la mayoría de los recursos en los músculos, obviamente otros órganos y sistemas del cuerpo se quedan con poca energía para funcionar. El sistema inmune depende de las células del cuerpo para eliminar infecciones y protegerlo de agentes malignos. Considerando que estas células del cuerpo tienen un suministro de energía limitado, el sistema inmune está comprometido. Como resultado, comienzas a ver inflamación, lo cual es una clara señal de que el cuerpo está siendo atacado por agentes infecciosos no deseados. La inflamación, por sí misma, le da a la persona una apariencia poco saludable y disminuye su conveniencia. Ciertamente, una persona con la cara inflamada no es tan atractiva como una persona de rostro limpio. Y, no hay que mentir, la belleza convencional, en su corta extensión, se respalda enormemente de una piel limpia.

- **Pérdida del deseo sexual**

En tus días felices, hacer el amor es una segunda naturaleza. Una vez que miras a la persona hacia la que estás sexualmente atraído, la sangre comienza a correr por tus "herramientas secretas del intercambio". No hay nada de malo. Es increíble para los humanos el complacerse del sexo, ya que además de ser una fuente de diversión, también es un acto que nos mantiene alejados de la extinción de nuestra especie, ya que el sexo nos lleva a procrear. Pero cuando estás deprimido, tienes un deseo frágil o básicamente nulo de tener sexo. Como resultado de perder tu impulso sexual, puedes convertirte en un hombre o mujer enojón, lo cual no es un sitio deseable para estar.

- **Mala salud del corazón**

Considerando que la depresión te pone al borde y que la mayoría de los recursos son mandados a los músculos para pelear o huir, el cerebro asume que hay un problema y el corazón se pone bajo gran tensión para bombear sangre a los músculos. Como resultado, el corazón late aceleradamente, lo cual te pone en riesgo de desarrollar enfermedades. Los efectos adversos de tener una enfermedad del corazón son tremendos. Las enfermedades del corazón no sólo te detienen de ser productivo, sino que también evitan que disfrutes la vida porque te alejan de la mayoría de las actividades que una vez disfrutaste, y si desafías estas restricciones, te encontrarás en riesgo de perder la vida.

CAPÍTULO 14

TÉCNICAS DE TCC PARA ELIMINAR LA DEPRESIÓN

Ejercicio emocional de la gráfica de pastel

Cuando se trata de superar la depresión, debes dominar tus pensamientos y emociones. La mayoría de las personas se devastan con la depresión porque no tienen conocimiento de lo que está pasando por sus mentes y la causa. Con este ejercicio de la gráfica de pastel, puedes ser capaz de identificar varios pensamientos y emociones que impulsan tu trastorno de depresión mayor, así como identificar sus fuentes. Consiste en literalmente dibujar una gráfica de pastel y enumerar múltiples razones a tus pensamientos y sentimientos. Por ejemplo, si te das cuenta que estás desarrollando una imagen negativa de tu persona y piensas que no vales la pena, puedes dar varias razones al por qué tienes esta línea de pensamiento, y, así, enlistar las causas. Este ejercicio te ayudará a entender tu máscara emocional.

- **Investiga tus pensamientos**

Cuando estamos deprimidos, básicamente estamos experimentando pensamientos y emociones negativas y desfavorables. El problema con la mayoría de las personas es que no se cuestionan la legitimidad de estos pensamientos y emociones. Por ejemplo, yo puedo decirme "Soy feo", y como resultado, comenzar a evitar a las personas en un esfuerzo de no ser visto porque estoy avergonzado de mí mismo. Pero, entonces, la pregunta es: ¿Realmente soy feo? Al investigar este pensamiento y llegando a la conclusión de que en realidad no soy feo, estaré en una buena posición para superar mi depresión. Esta es la manera perfecta de identificar pensamientos disfuncionales y desarrollar creencias positivas de uno mismo.

- **Evitar las noticias**

Tu practicante te puede prevenir de ver las noticias. La mayoría de las personas reportan que su confianza y niveles de autoestima se fueron a los cielos una vez que dejaron de ver las noticias. Si te has dado cuenta, la mayoría de los elementos noticieros son negativos, y no es coincidencia; todo está diseñado. Los ejecutivos de red están en el negocio de vender tiempo en el aire, y para atraer una gran audiencia, saben muy bien que la negatividad vende. En esta era del internet, todas las noticias importantes siempre te alcanzarán, así que no hay necesidad de mantenerse pegado a una caja escuchando todo el día noticias negativas. Hay tantas noticias positivas ocurriendo alrededor del mundo, y aunque incluso las redes sociales populares rara vez las elijan, existen sitios web que manejan comunicación positiva, y bien podrías subscribirte a estos portales de noticias y permitir que te ayuden.

- **Deja de hacer predicciones negativas**

Una de las maneras significativas en que las personas deprimidas se limitan de tener una vida positiva es haciendo predicciones negativas de sí mismos. Por ejemplo, si se espera que hagas un discurso el próximo domingo, te podrías decir "Voy a fracasar". Esto condiciona a tu subconsciente para el fracaso. Y cuando tomas el pódium, estarás más cerca de fracasar que de ganar. En lugar de hacer predicciones negativas de ti mismo, enséñate a realizar predicciones positivas y esto condicionará tu subconsciente para convertirte en un ganador.

- **Ignorar pensamientos**

Para superar la depresión, tienes que tener un buen entendimiento de tus pensamientos, y en extensión, de ti mismo. La depresión no respeta a ninguna persona. Puede atacarte mientras estés caminando en la faz de la Tierra. Puedes estar sentado en casa, tratando de ocuparte con una revista, cuando repentinamente un pensamiento discordante entra a tu mente, una chispa para deprimirte. ¿Qué haces con semejante pensamiento? ¡Ignóralo! Debes incrementar tu autoconsciencia de forma que llegues al punto en donde puedas ignorar a los pensamientos responsables de la depresión y que no reconozcas como propios.

- **Conoce tus debilidades**

La importancia de entender tus debilidades es que te prepara para tomar medidas contra la depresión. Si eres altamente consciente y no una víctima del autoengaño, puedes entender tus debilidades fácilmente. Digamos que eres introvertido. Puedes tener tiempos difíciles al mezclarte con otras personas. Pero, entonces, estás pensando en competir por un puesto electivo, y tendrás que interactuar con otras personas; ¿qué haces? Tan sólo admite que tu debilidad es charlar y comienza a trabajarlo en lugar de engañarte diciéndote que eres asombroso en ello, para después tan sólo dejarte en ridículo. Si eres honesto contigo mismo, encontrarás muchas personas dispuestas a ayudarte a superar tus retos y comenzar a vivir tu mejor vida.

- **Acéptate**

Otra técnica de la TCC para superar la depresión es, meramente, el aceptarte. Generalmente, los seres humanos nos ponemos en clases. Puedes estar alrededor ciertas personas que no te consideren uno de su clase. Así que, ¿qué hacer? ¡Acéptate -sin disculpas- por lo que eres! En la era moderna, han emergido nuevos sexos además de los tradicionales masculino y femenino. Son conocidos como transgéneros. Si has observado a estas personas, quizás hayas visto que personifican la idea de estar orgullosos de lo que son sin importar el mundo hostil en el que vivimos. Desarrolla la mentalidad de que está bien el no ser como todos los demás y no bajes la cabeza por vergüenza.

• Identifica tus distorsiones cognitivas

Las distorsiones cognitivas son el combustible de la mayoría de las enfermedades mentales. Las víctimas ven un mundo que no existe. Y esto causa que desarrollen creencias negativas de sí mismas. Para superar la depresión, necesitas aprender a darte cuenta y deshacerte de las distorsiones cognitivas. Algunas distorsiones cognitivas comunes incluyen catastrofizar, sobre generalizar, filtrar, pensar en blanco o nefro y leer la mente.

• Desarrolla habilidades

Las personas se deprimen como resultado de no tener varias habilidades vitales para ayudarlos a seguir adelante. Por ejemplo, si alguien se deprime respecto a su incapacidad de encajar en la sociedad, probablemente no tienen las habilidades sociales requeridas para formar relaciones con otras personas. Para superar este inconveniente, tienen que adquirir habilidades sociales, lo cual involucra aprender las bases y practicar muchas veces, y una vez que hayan perfeccionado cómo hablar con la gente, les será más sencillo encajar en la sociedad.

Parte IV

CAPÍTULO 15

ENTENDER EL INSOMNIO

El insomnio es un trastorno del sueño común que hace difícil que una persona se quede o mantenga dormida. Una persona con insomnio experimentará lo siguiente; dificultad para conciliar el sueño, despertarse a media noche o problemas para volver a dormir, despertarse muy temprano en la mañana, estar exhaustos al despertarse.

Hay dos tipos de insomnio: primario y secundario. El insomnio primario ocurre cuando una persona tiene dificultades con insomnio, pero no es resultado de problemas de salud. El insomnio secundario surge como resultado de tener problemas de salud, por ejemplo, artritis, VIH o cáncer.

Aproximadamente 6% de los americanos tienen insomnio

Si has estado teniendo dificultades para quedarte o mantenerte dormido, tan sólo date cuenta de que no estás solo. Las estadísticas demuestran que muchos de los americanos tienden a tener problemas con esta condición. De acuerdo a los institutos nacionales de salud, el 6% de los americanos batallan con el insomnio. Una de las principales desventajas es que afecta la productividad de una persona. Cuando te enfrentas a la incapacidad de quedarte o mantenerte dormido, tiendes a estar en un estado mental pasivo, lo opuesto a cuando has descansado bien durante la noche, porque te vuelve más activo.

Puede ser hereditario

Si tienes problemas de insomnio, mira detenidamente en tu familia para ver quién más se enfrenta a la misma condición. Los investigadores han encontrado fuerte evidencia que sugiere que el insomnio es heredado a través del árbol genealógico. Si estás genéticamente predispuesto a desarrollar esta condición, se vuelve bastante difícil el superarla. Sin embargo, hay cosas que puedes hacer para vencer este problema. El mismo estudio también encontró que los adolescentes que sufren de insomnio son más propensos a desarrollar enfermedades mentales como la ansiedad, depresión o trastorno de pánico.

Los animales también pueden tener insomnio

Si pensabas que el insomnio es reservado a los seres humanos, piensa de nuevo. Los investigadores han encontrado evidencia de que los animales también pueden desarrollar insomnio. Descubrieron que exhiben rasgos similares a los humanos con insomnio. Para los animales que padecían insomnio, era evidente que su calidad de vida es baja, y tienden a perder el equilibrio, aprender a un ritmo más lento que los animales bien ajustados y desarrollar más grasa que los animales con hábitos de sueño saludables. Los animales con insomnio claramente ponen en peligro sus vidas, lo cual no necesariamente sea el caso de los humanos.

El insomnio puede causar aumento de peso

La persona que tiene dificultades al dormir y se mantienen despiertas están en mayor riesgo de ganar peso que las personas con hábitos de sueño saludables. La explicación científica es que el insomnio puede tener un impacto negativo en la absorción de comida, y como resultado, más energía es convertida en grasa. Obviamente, ganar peso no es algo deseable. Toca un punto, y después te vuelves obeso. Ser obeso es dañino para tu salud y para tu valor social. Las personas con sobrepeso tienen dificultades por tener una imagen propia negativa, lo cual usualmente afecta su autoestima.

Los horarios de sueño impredecibles pueden causar insomnio

El insomnio puede surgir como resultado de tener horarios de sueño impredecibles. Quizás durante la semana has estado durmiendo a cierta hora. Después, cuando llega el fin de semana, comienzas a dormir mucho más tarde. Esta diferencia en el horario de sueño puede activar el insomnio. Si quieres mantener el insomnio a raya, asegúrate de siempre dormir a la misma hora. Cuando condicionas a tu cuerpo a dormir a cierta hora, se vuelve mucho más fácil el quedarse dormido. Pero si tienes un horario impredecible para tus noches, te encontrarás teniendo dificultades para conciliar el sueño.

Las pastillas para dormir no ayudarán

Por alguna razón, cuando una persona no puede dormir, corre a su químico favorito y compra pastillas para dormir de venta libre. Los estudios han demostrado que estas medicinas no son efectivas en inducir el sueño. Pero por alguna extraña razón, las personas no dejan de tomar estos medicamentos. El insomnio usualmente viene como resultado de hábitos pobres. Esto significa que antes de superar al insomnio, debes deshacerte de tus hábitos pobres. Por ejemplo, si tienes el hábito de beber café antes de dormir, tal vez debas dejar de hacerlo, o si duermes en un horario variable, tal vez quieras volverlo un poco más estable.

Más mujeres que hombres experimentan insomnio

Los investigadores han encontrado que más mujeres que hombres tienden a tener problemas de insomnio. Sin embargo, es influenciado por los cambios hormonales. 80% de las mujeres embarazadas reportan tener hábitos de sueño pobres, siendo la pérdida de sueño el principal problema. Las mujeres que han llegado a la menopausia también experimentan insomnio, y los investigadores lo atribuyen a sus hormonas erráticas.

Puede causar la muerte

En raras circunstancias, un prolongado caso de insomnio puede causar la muerte. Los investigadores atribuyen esta condición a una proteína anormal que se desarrolla como resultado de una mutación genética. Esta proteína afecta las funciones del cerebro. Causa que la víctima pierda la memoria y pierda control sobre el movimiento de sus músculos. La víctima también desarrolla alucinaciones. Para una persona que padece de insomnio fatal, usualmente comienzan teniendo cerca de una hora de sueño cada noche, acompañada de pesadillas. Pero entonces llega cierto punto en que dejan de dormir del todo. Esta condición trae fatiga extrema, temblores corporales y dificultad al respirar. A la larga, el cuerpo de la víctima es incapaz de soportar todas estas condiciones desagradables y muere.

CAPÍTULO 16

SÍNTOMAS DEL INSOMNIO

S i has estado teniendo problemas de insomnio, estas son algunas de las cosas que experimentarás.

- **Dificultad para conciliar el sueño en la noche**

Puedes pasar todo el día ocupado, esperando que llegue la noche y toques las sábanas y te deslices en un sueño. Pero cuando te subes a la cama, no pasa nada. Puedes intentar hacer algo extra como leer un libro, esperando que atraiga al sueño, pero no es suficiente. Pasarás toda la noche dando vueltas, básicamente. Aparte de los músculos adoloridos, esta situación puede ejercer una gran presión sobre tu composición emocional. El sueño es algo increíblemente liberador, y ser incapaz de dormir te puede poner extremadamente incómodo.

• Despertarse durante la noche

Para algunas personas que logran dormir, no dura toda la noche. En cierto punto se despiertan. Obviamente, esto es una situación muy estresante.

• Despertarse muy temprano

La mayoría de las personas que tienen dificultades con el insomnio tienden a despertarse más temprano que cualquier otra persona. Esto es debido al hecho de que tienen poco sueño, y en la madrugada ya están despiertas.

• Agotamiento después de dormir

Debes pensar que después de dormir uno debe haber descansado suficiente; al menos eso es lo que pasa con las personas comunes. Puedes brincar en la cama cuando estás cansado, y despertarte sintiéndote renovado. Pero alguien batallando con insomnio tiende a despertarse sintiéndose exhausto.

• **Ansiedad**

La mayoría de las personas que batalla con el insomnio tiende a enfrentar también ansiedad. Así que, por la noche, tendrán problemas para dormir, y durante el día, estarán muy tensas, gracias a la ansiedad. En este sentido, el insomnio realmente puede hacer insoportable la vida de una persona.

• **Irritabilidad**

Para una persona que está teniendo poco o nada de sueño, no esperas que sea jubilosa. La mayor parte del tiempo será irritable. Esto significa que será difícil el relacionarse con ella. Puede parecer tensa y arrogante, pero el problema real es que no está teniendo suficiente sueño.

• **Cansancio durante el día**

Cuando miras a la mayoría de las personas que son productivas durante el día, puedes estar casi seguro de una cosa; tuvieron un buen descanso durante la noche. Alguien que ha tenido dificultades para dormir estará cansado durante el día. El cuerpo humano no es robótico, después de todo.

• Depresión

Nunca te toparás con una persona que diga cosas buenas sobre el insomnio. Cuando una persona es incapaz de tener suficiente sueño, usualmente lo lamenta. Conforme progresa el tiempo, puede evolucionar en depresión. No requiere esfuerzo el que una persona luchando con insomnio pierda las esperanzas respecto a la vida.

• Falta de concentración

Durante la noche cuando uno duerme, el cerebro se renueva. Esto le permite recibir información con facilidad al siguiente día. La concentración viene naturalmente. Sin embargo, cuando alguien no ha tenido suficiente sueño, primero, estará irritable, y después, no tendrá los suficientes recursos mentales para concentrarse. Esto obviamente afecta su ejecución.

• Aumento en los errores

Cuando alguien ha tenido una buena noche de descanso, es probable que esté en su elemento al día siguiente, y esto usualmente minimiza o elimina las oportunidades de cometer errores. Pero cuando alguien no tiene suficiente sueño, estarán exhaustos al día siguiente, y esto evitará que se puedan concentrar, y, como resultado, la cuenta de errores será bastante alta.

- **Constantes preocupaciones respecto al sueño**

El mero hecho de que uno no puede dormir lo necesario es suficiente para preocuparse. Las personas que batallan con el insomnio tienen la tendencia de preocuparse excesivamente de su inhabilidad para quedarse dormidas. Esta preocupación constante usualmente tiene un efecto negativo en sus vidas.

CAPÍTULO 17

CAUSAS DEL INSOMNIO

El insomnio es una de las peores condiciones que un ser humano puede enfrentar, porque siendo honestos, nada le gana al éxtasis de una buena noche de sueño. Pero para superar tu insomnio, primero debes entender las causas. Estos son algunos de los factores que causan insomnio.

- **Estrés**

Muchas personas caminan aclamando que están

estresadas. El estrés puede venir de muchas cosas en las que estamos involucrados. Puede venir de nuestros trabajos, parientes o incluso amigos. Tener que lidiar con constantemente con estrés nos puede predisponer a padecer insomnio. Lo que usualmente pasa es que desarrollamos formas rígidas de pensar, y al estar ponderando cómo superar nuestras condiciones estresantes, nos limitamos de llevar una vida de calidad y productiva. Estar atrapado en tal condición puede incrementar las probabilidades de tener insomnio.

- **Viajar excesivamente y horarios de trabajo impredecibles**

Vivimos en una era en donde el mundo se ha reducido a una mera ciudad. Las personas están viajando sin parar por todo el mundo. ¿Pero sabías que el *jetlag* puede inducir insomnio? Esto no significa que no debes viajar del todo, pero tal vez quieras tomar descansos considerables no sólo para recuperarte, sino también para enfocarte en otras dimensiones de tu crecimiento. Incluso vivimos en un tiempo en donde las personas son extra ambiciosas. Ciertas personas tienen la tendencia de trabajar largos turnos, quemando su aceite nocturno para lograr sus objetivos de vida esenciales. No obstante, fallan en darse cuenta de que los turnos largos y tener horarios impredecibles de sueño trae al insomnio a sus vidas.

- **Malos hábitos del sueño**

Esto probablemente es la causa más significativa del insomnio. La mayoría de las personas tienen varios hábitos que los detienen de experimentar un sueño de calidad por la noche. El primer mal hábito que tienen las personas, es el de tomar bebidas estimulantes antes de dormir. La más común es el café. Cuando bebes café antes de dormir, obviamente tendrás una noche difícil, porque el café es un estimulante. Otro mal hábito es la tendencia a ver televisión o escuchar el radio. Ambas actividades estimulan la mente, y harán difícil que te quedes dormido.

- **Comer de más durante la noche**

Está bien tener una comida ligera, pero cuando desarrollas una tendencia a consumir mucha comida justo antes de dormir, te puede predisponer al insomnio. Cuando tienes el estómago pesado, probablemente te sentirás incómodo, y por esa razón, tener problemas significantes para quedarte dormido.

• Problemas de salud mental

Otra causa del insomnio relaciona a los problemas de salud mental. Cuando una persona está teniendo dificultades de salud mental como la ansiedad o TEPT, probablemente desarrollarán insomnio. Estar mentalmente enfermo no es un juego. Hace que te mantengas despierto, pensando cómo superar tu condición. La inestabilidad emocional no ayuda a la situación.

• Medicación

El problema de la medicación es que saca a brote varios efectos secundarios, y puede ser bastante difícil vivir con ellos. Algunas drogas tienen efectos secundarios que dificultan que el paciente obtenga algo de sueño. No obstante, si uno no está enganchado con estas drogas por un periodo prolongado, es más fácil esperar que pasen los efectos secundarios.

CAPÍTULO 18

FACTORES DE RIESGO PARA EL INSOMNIO

Edad avanzada

Una persona que tiene 50 años de edad es más propensa a desarrollar insomnio, al contrario de un adolescente. Pero, esto no significa que todas las personas adultas tienen problemas de falta de sueño. Es totalmente posible ser viejo y disfrutar un buen descanso cada noche. Sólo tienes que mantener buenos hábitos.

- **Enfermedades crónicas**

Las enfermedades crónicas tienen a permanecer por un largo periodo de tiempo. Una de las formas de enfermedad crónica más comunes es el cáncer. Cuando adquieres esta enfermedad, usualmente terminas tomando potentes medicamentos, lo cual puede tener severos efectos secundarios. Las enfermedades crónicas son uno de los factores que incrementan la probabilidad de una persona a desarrollar insomnio.

- **Medicación**

La mayoría de nosotros tiende a pensar que podemos automedicarnos. Por ejemplo, si sufrimos de una jaqueca, en lugar de visitar al doctor o compartir nuestro problema, corremos al químico más cercano y compramos algunos medicamentos. El problema de esta acción es que no tenemos ningún conocimiento especial de estas medicinas y nos pueden poner en riesgo de desarrollar insomnio.

- **Género**

Los investigadores han encontrado que las mujeres están

en mayor riesgo que los hombres de desarrollar insomnio. Las hormonas son uno de los principales factores para incrementar la probabilidad de que una mujer desarrolle insomnio. Los investigadores encontraron que las mujeres embarazadas o menopáusicas tienden a batallar más con la falta de sueño a causa de sus hormonas impredecibles.

- **Problemas psicológicos**

Una persona que tiene problemas psicológicos es más propensa a desarrollar insomnio, al contrario de una persona mentalmente bien ajustada. Los problemas psicológicos pueden surgir de un número de cosas, como el estatus social y las habilidades financieras. Alguien con una psicología débil es bastante propenso a desarrollar insomnio.

- **Estilo de vida**

Si alguien tiene la tendencia de beber alcohol hasta bien entrada la noche, probablemente desarrollará insomnio, al contrario de una persona que su estilo de vida es mucho más estándar, es decir, que no sale por la noche a beberse una cerveza. Pero, esto no significa que cada persona que bebe cerveza sufra de falta de sueño.

- **Turnos impredecibles**

Podemos tener un avance tecnológico significativo, pero no hemos llegado al punto en que no necesitamos que los seres humanos hagan el trabajo. La mayoría de las economías está transformándose en economías 24/7. Así que, si encuentras que algunas personas alternan entre el trabajo durante el día y trabajar toda la noche, están descarrilando su ritmo circadiano. Es importante tener un horario de trabajo consistente, para así ser capaz de dormir a la misma hora todos los días.

- *Jetlag*

No hay nada de malo en subirse a un avión y viajar por el mundo. Sin embargo, los investigadores han encontrado que el viajar excesivamente puede predisponerte a contraer insomnio. Esto no es para desanimar a nadie de viajar extensamente, tan sólo para llamar la atención a la naturaleza de lo que podrían enfrentarse.

- **Mal entorno para dormir**

Imagina que tienes que dormir en una cama árabe tamaño king-size. Te sentirás bastante bien, y te quedarás dormido mucho más rápido de lo imaginado. Pero entonces, también imagina que debes dormir en el suelo sobre un colchón infestado de insectos. Será extremadamente dormir en tales condiciones.

CAPÍTULO 19

EFECTOS NEGATIVOS DEL INSOMNIO EN LA SALUD FÍSICA

Dolor

Uno de los efectos del insomnio es tener el cuerpo adolorido. Cuando dormimos, el cuerpo entra en una regeneración celular. Se deshace des las células débiles. Esto le permite a la persona estar saludable y fresca. Pero una persona que no duerme, obviamente no se beneficiará de esto. Por ello tienden a batallar con dolor en varias partes del cuerpo.

- **Jaqueca**

Si pasas varios días sin dormir, indudablemente tendrás jaqueca. Un ser humano no está diseñado para no dormir. Durante la noche, el cerebro se refresca, lo cual significa que elimina las emociones no deseadas. Es por ello que siempre que alguien se despierta, se siente renovada. Cuando no duermes, te encontrarás enfrentándote a una jaqueca.

- **Habla mal articulada**

¿Alguna vez te has topado con alguien que ha bebido mucho alcohol? Su discurso usualmente está mal articulado. Esto no es diferente de alguien que está privado del sueño. Experimentan dificultades en formar una oración coherente. Y puede ser bastante difícil para ellos el pensar en lo que están diciendo.

- **Equilibrio débil**

Otro efecto negativo del insomnio en la salud física, es tener poco equilibrio. La mayoría de las personas que están teniendo dificultades con el insomnio tienden a tener problemas para caminar firmemente o incluso tomar una posición de poder. Esto es porque se compromete la parte del cerebro responsable del equilibrio.

• Mala visión

Alguien que tiene una buena noche de sueño no tendrá problema con sus ojos. Esto es porque están en un nuevo estado mental. Pero alguien que se priva profundamente le pesarán los párpados, y tendrán muchas dificultades para ver lo que ocurre a su alrededor.

• Pérdida de la inteligencia

Los investigadores han confirmado que el cerebro está más activo durante la noche que durante el día. Se ocupa de crear nuevas células, incrementando la inteligencia de uno. Pero cuando una persona va por los días sin dormir, su cerebro se debilita, y ultimadamente los vuelve más tontos.

• Acelera el envejecimiento

No es como que haya algo malo con envejecer, pero no quieres hacerlo más rápido de lo usual. Las personas que reciben el sueño adecuado tienden a envejecer a un ritmo normal. En algunos casos, es creído que la calidad del sueño puede desacelerar el envejecimiento. Así que, cuando pasas días sin una pisca de sueño, tan sólo están pidiendo lucir más viejo de lo que realmente eres.

• Mata el deseo sexual

Otro problema con la deprivación del sueño es que elimina el deseo de tener actividad sexual con otras personas. Ahora, esto es un problema significativo. Una persona saludable debe tener suficiente lívido, porque el querer tener sexo en bastante natural. Sin embargo, el insomnio tiende a quitar este deseo.

• Incrementa tu probabilidad de desarrollar otras condiciones de salud

El insomnio no sólo te deja sintiéndote cansado, sino que puede incrementar el riesgo de desarrollar otras enfermedades mentales. Los investigadores han encontrado que la mayoría de las personas que tienen insomnio tienden a batallar con otras enfermedades a la par. Algunas de estas enfermedades incluyen infartos cardíacos, diabetes y enfermedades cardiovasculares.

• Memoria débil

Las personas acostumbradas a tener un sueño adecuado,

tienden a tener una memoria relativamente estable. Esto es porque el cerebro desarrolla más células durante la noche. Las personas que tienen sufren de deprivación del sueño tienen dificultades para recordar cosas. Tener una memoria pobre puede ser bastante inconveniente.

- **Te puede volver obeso**

Los investigadores han encontrado una conexión entre la falta de sueño y el incremento en el apetito. Así que, si tienes una tendencia a ir por los días sin dormir, puedes encontrarte comiendo mucho más de lo usual. A la larga, esto terminará acumulando peso hasta que te vuelvas obeso.

CAPÍTULO 20

TÉCNICAS DE TCC PARA ELIMINAR EL INSOMNIO

Por alguna razón, la mayoría de las personas parecen intentar tratar su deprivación del sueño tomando pastillas. Se ha observado por mucho tiempo que estas pastillas no ayudan. Pero esto no significa que no hay otras formas de tratar la deprivación del sueño. Una de las mejores formas de superar el insomnio es a través de la Terapia Cognitiva Conductual. Las siguientes son algunas de las técnicas de la TCC para ayudarte a superar el insomnio.

- **Terapia para el control de estímulos**

Esta técnica trata de eliminar los factores que programan a tu mente para resistirse a sueño. Un practicante te pedirá establecer una hora fija para dormir y despertarte, así como evitar el tomar siestas durante el día. Esta técnica requiere que uses tu cama tan sólo para dormir. Si te subes a tu cama y, por alguna razón, el sueño no llega, debes ir a otra habitación y tan sólo volver cuando te sientas adormecido.

- **Evitar el alcohol**

Si tienes una tendencia a beber alcohol hasta entrada la noche, te encontrarás batallando con problemas para dormir. El alcohol tiende a influir en el sistema nervioso, haciendo que sea difícil el quedarse dormido. Esta técnica busca mantenerte alejado del alcohol para que así puedas estar sobrio al irte a la cama.

- **Evitar la cafeína**

Así como el alcohol, la cafeína es igual de mala. Las personas que toman cafeína unas horas antes de irse a dormir experimentarán dificultades para conciliar el sueño. El practicante te podrá pedir que te mantengas alejado del café unas horas antes de dormir. Esto significa que no serás estimulado, y el sueño vendrá a ti mucho más naturalmente.

• Mejorar tu higiene

En algunas circunstancias, la deprivación del sueño puede estar ligada a una mala higiene. ¿Puedes imaginar dormir en una cama llena de tierra e infectada de insectos? Cualquiera tendría problemas para cerrar los ojos. Si limpias tu cuarto y usas nuevas sábanas y colchón se volverá mucho más fácil conciliar el sueño.

• Mejorar el entorno

Otra forma de luchar contra la deprivación del sueño es hacer mejorar tu entorno personal para dormir. Esto significa que tan sólo debes mantener las cosas necesarias en tu cuarto y deshacerte de lo innecesario. Puede no ser sencillo porque quizás hayas desarrollado cierto apego a varias cosas, pero al menos la televisión y el radio se deben ir.

• Relajación

Esta técnica busca que la persona se sienta más relajada.

Obviamente no te dormirás si te sientes tenso todo el tiempo. Relajarse ayuda a quedarse dormido mucho más rápido. Esta técnica involucra cosas como la meditación, imaginación y ejercicios de respiración profunda.

- **Intención paradójica**

En esta técnica, el paciente tiene que luchar contra el miedo a no ser capaz de dormir. Usualmente, lo que pasa con las personas que tienen insomnio, es que se acuestan en la cama y comienzan a preocuparse de no poder dormir. Esta técnica está diseñada para hacer que la persona resista esta preocupación.

- **Bio-retroalimentación**

Esta técnica busca mirar tu ritmo cardiaco y tensión muscular para enseñarte cómo ajustarlos. Tu profesional de salud mental te dará un dispositivo para tomar varios métricos. Esto te ayudará a entender cómo tu cuerpo está respondiendo al entorno.

Parte V

ALARM
LATE
STRESS
SCHEDULE
BUSY
DELAY
TIME MANAGEMENT
RUSH
OVERTIME

CAPÍTULO 21

ENTENDER EL ESTRÉS

El estrés es básicamente la forma en que reacciona el cuerpo ante cambios que requieren que hagas un ajuste. Es una acción de autopreservación que busca protegerte de escenarios potencialmente peligrosos. El estrés es una cosa bastante regular. Puede emanar de casi cualquier lugar.

Todos son afectados por el estrés

El rey del mundo y los más pobres tienen algo en común;

todos se estresan. Pero, la forma en que reaccionas a este estrés, hace la diferencia. Una respuesta inadecuada puede predisponerte a padecer enfermedades físicas y mentales. Por el otro lado, el estrés puede ser el catalizador que te vuelva sumamente productivo.

No todo el estrés es malo

Lo gracioso del subconsciente es que lee el entorno antes de que pensemos conscientemente en lo que está pasando. Por ejemplo, si estás en una situación potencialmente peligrosa, te sentirás estresado, y como resultado, el cerebro alimentará tus músculos con recursos necesarios para pelear o huir. Es por eso que escuchas a la gente decir que no saben cómo ganaron tanta velocidad cuando estaban escapando del peligro.

Es estrés a largo plazo puede ser peligroso

Aun cuando estamos diciendo que no todo el estrés es malo, si experimentas estrés a largo plazo, puede tener un impacto negativo en tu salud. El estrés crónico usualmente suprime al sistema inmune, sistema digestivo y sistema reproductivo. Así que, si has estado sufriendo de estrés de largo plazo, debes incrementar tu compromiso para eliminarlo antes de que te haga daño.

El estrés puede ser manejado

Justo porque estás estresado, no significa que no tienes esperanza. Hay varias cosas que puedes hacer para manejar el estrés. Lo más importante es tener autoconsciencia para entender lo que está impulsando tu estrés. Cuando conoces claramente el origen del estrés, se vuelve mucho más fácil el superarlo. Algunas de las formas sencillas de manejar el estrés incluyen hablar con tus amigos, ejercitarse, relajación y establecer metas personales.

Está bien buscar la ayuda de un profesional

La mayoría del tiempo, las personas que están estresadas tienden a mantenerlo para sí mismas. Imaginan que el estrés es algo de lo que estar avergonzado. Pero esa es la mentalidad incorrecta. Está totalmente bien salir en busca de ayuda profesional. De hecho, es mucho más beneficioso buscar el consejo de un profesional al instante que te sientes estresado. Los expertos de salud mental te ayudarán a superar el estrés.

Una mala actitud empeora el estrés

Si tienes una actitud pobre, estás listo para tener un camino difícil. La mayoría tiene razones para estar estresado. Pero la verdadera prueba está en la actitud que mantienes al manejar tu estrés. Por ejemplo, si decides desquitarte con personas inocentes, tan sólo te estás incomodando y poniendo tu reputación en la línea. La vida no siempre es rosa. Pero a través de la inteligencia emocional, podemos lograr evitar caer víctimas del estrés.

El estrés excesivo puede acelerar el proceso de envejecimiento

Debes haber escuchado que, si quieres mantenerte joven, debes evitar estresarte a toda costa. Hay mucha verdad en esta declaración. La mayoría de las personas que sufren de estrés son buenos en reprimirlo. Por esta razón, sus mentes siempre están aceleradas, lo cual les provoca una imagen cansada, y, por lo tanto, acelera su proceso de envejecimiento.

Los vicios no son de ayuda

Algunas personas tienden a reaccionar al estrés recayendo en los vicios o desarrollando adicciones. Fumar es una de las formas más comunes de adicción que adquiere la gente como resultado del estrés. Algunas personas piensan que el fumar mantendrá el estrés a raya. Aunque el fumar te puede hacer sentir increíble por un momento, no vale la pena considerando los efectos negativos a largo plazo, ya que éstos realmente pueden empeorar el estrés. Otras personas optan por adicciones como el sexo, las fiestas o los videojuegos. Todo esto es un intento de alejarse de la realidad, lo cual no tiene sentido.

CAPÍTULO 22

SÍNTOMAS DEL ESTRÉS

Los siguientes son síntomas comunes de básicamente toda persona estresada puede experimentar.

- **Agitación**

Alguien que está experimentado estrés siempre se verá agitado. Esto es especialmente cierto si no han dominado sus emociones. Estar agitado todo el tiempo puede provocar que las personas se alejen de ti. Esto explica parcialmente por qué las personas estresadas tienden a estar solas.

• Estar abrumado

Cuando una persona está experimentando estrés, sienten como si su vida estuviera saliéndose de control. Tienden a tener problemas con sentirse abrumados. Y, de hecho, esto disminuye su productividad. Cuando una persona está abrumada por mucho tiempo, pueden sentirse desorientados respecto a la vida.

• Dificultad para relajarse

Una persona estresada rara vez puede relajarse. Tienden a tener demasiadas preocupaciones. Como resultado de estas preocupaciones, se vuelve difícil para ellos el tener una vida satisfactoria. Estar relajado se trata de alcanzar un buen estado mental a pesar de las circunstancias. La mayoría de las personas estresadas no pueden darse el lujo de estar relajadas, porque siempre imaginan que lo peor va a ocurrir.

• Bajo autoestima

La mayoría de las personas estresadas tienen problemas

con sentimientos de baja autoestima. Pueden desarrollar imágenes propias negativas. Y esto causa que desarrollen hábitos auto inhibidores. Pueden ser sumamente talentosas, pero hablar mal de sí mismas, y eso los desanima de tomar acción y volverse brillantes. Una abaja autoestima virtualmente se inmiscuye en cualquier área de tu vida.

- **Evitar a otras personas**

Alguien que está luchando contra el estrés puede pensar que algo está mal con ellos. Pueden creer que los escenarios estresantes tan sólo ocurren en su vida porque así lo merecen. Pero si supieran más, entenderían que estar estresado le ocurre a cualquiera. De esta forma, esta percepción imperfecta les provoca evitar a otros seres humanos, lo cual es triste, considerando que nadie puede existir sin contar con otros seres humanos.

- **Bajos niveles de energía**

Lo primero que notas en una persona estresada es que su productividad se ve afectada. El estrés parece tener un efecto desacelerador en los funcionamientos del trabajo. Virtualmente mantiene al cerebro captivo. Como resultado, la víctima canaliza todos sus recursos a resolver su estrés, lo cual los deja sin energía.

- **Latidos del corazón acelerados**

Algunas personas, cuando están lidiando con el estrés, experimentan un incremento en los latidos del corazón. Debes entender que el cerebro interpreta el estrés como que una persona está en peligro. Por ello, el cuerpo reacciona dotando de nutrientes a los músculos para ayudar a la respuesta de pelear o huir. Para que esto ocurre, el corazón tiende a trabajar de más, resultando en latidos acelerados.

- **Apretar la mandíbula y rechinar los dientes**

Esto usualmente pasa cuando una persona no sólo está estresada, sino también enojada al respecto. Digamos que eres padre. Un día vas a recoger a tu hijo a la escuela, excepto que encuentras que tu hijo no está ahí. Es probable que no sólo te estreses, sino que también te enojes. En esta situación, puedes comenzar a apretar la mandíbula y rechinar los dientes.

- **Preocupación constante**

Alguien con problemas de estrés siempre estará viendo lo

que puede pasar o no. Regresando al ejemplo anterior, si te das cuenta que tu hijo no está en la escuela, puedes comenzar a preocuparte de lo que le ha pasado. Pero preocuparse constantemente no ayuda. De hecho, empeora las cosas.

- **Desorganización y olvidar las cosas**

Cuando una persona está estresada, su memoria se ve afectada. Esto es usualmente por sus pensamientos acelerados. Una persona así se encontrará pensando en sus condiciones estresantes desde diversas dimensiones. Esto puede tener un impacto en su habilidad de recordar las cosas. Las personas estresadas tienden a ser más desorganizadas. La mayor parte del tiempo, están principalmente preocupadas de superar su estrés, y el resto de las cosas se vuelven secundarias.

- **Falta de concentración**

Una persona estresada tendrá dificultades para concentrarse en una tarea. Su mente está preocupada con sus condiciones estresantes, dejándolos sin recursos mentales para canalizar a lo que están haciendo. Las personas más estresadas tienen problemas con pensamientos acelerados que evitan que se concentren en lo que están haciendo.

- **Falta de criterio**

Esto no ocurre por un retraso mental, sino meramente porque no están prestando suficiente atención. La mayoría de las personas estresadas ya tienen demasiado en mente. Así que pueden abrumarse cuando se trata de tomar nuevas decisiones, especialmente si requieren de mucho pensamiento crítico.

CAPÍTULO 23

CAUSAS DE ESTRÉS

Estos son algunos de los factores que pueden causarle a uno el desarrollar estrés.

- **Pérdida de un ser querido**

Los seres humanos son seres sociales. Mucha de nuestra felicidad está atada a nuestras relaciones excelentes con otras personas. Si eres cercano a alguien, puedes ganar apego con esa persona. Si embargo, cuando la pierdes, podrías ser incapaz de superar el dolor y en consecuencia estresarte por ello.

- ## Divorcio

Tanto como necesitamos de otros seres humanos para ser felices, estas relaciones no siempre tienen un final feliz. Ningún matrimonio está a salvo de la idea del divorcio, no importa cuánto tiempo hayan estado juntos. Pero una cosa es cierta; el divorcio quiebra a las parejas emocionalmente. Así que, si estás experimentando un divorcio, puedes estar estresado, lo cual es razonable.

- ## Dificultades financieras

Algunas personas dicen que el dinero no es lo único que importa. La mayoría de las cosas en la vida pueden no estar funcionando, pero mientras tengas dinero, puedes disfrutar de las comodidades que tiene el mundo para ofrecer. Una persona sufriendo de dificultades financieras, no tienen los medios necesarios para adquirir lo que desean, y esto puede traerles mucha aflicción.

- ## Casarse

Puedes pensar que una vez que alguien ha conseguido su

pareja de vida, comenzará a cantar y bailar al respecto. Pero la realidad es que esto es un evento abrumador. Casarse es, básicamente, seleccionar a alguien con quien crecer. Conociendo la naturaleza de los seres humanos, siempre nos trae dudas. Por ello, uno podría estresarse al tomar la decisión.

- **Mudarse**

Otra cosa que tiende a provocar estrés es mudarse. Si hay una propiedad de los seres humanos, es el aferrarse a sus casas. Es por esto que las personas piensan detenidamente su decisión antes de comprar una casa. Parece que el análisis nunca termina. Cuando alguien se muda, pueden experimentar pensamientos acelerados, quizás preguntándose si han tomado la decisión correcta, lo cual les puede causar un estrés tremendo.

- **Enfermedades crónicas**

Cuando alguien está sufriendo de enfermedades crónicas, casi siempre experimentan dolor. Ya sea en forma de jaqueca, dolor de pecho o dolor de articulaciones, ninguno de estos es deseable. Las enfermedades crónicas también hacen que la víctima se sienta mal. Todos estos efectos adversos se acumulan para hacer que la persona esté estresada.

• Depresión

Una persona deprimida, virtualmente ha perdido toda la esperanza. Piensa en una mujer hermosa que está buscando entrar a la industria del modelaje. Han tenido que pasar muchas pruebas. El rechazo es doloroso. Pero mientras ella piense que tiene una oportunidad de ganar el contrato, siempre se sentirá bien consigo misma. Pero cuando pierde la esperanza, indudablemente sufrirá de depresión, y uno de los principales síntomas de la depresión es el estrés.

• Cuidar de ancianos o niños

El ser humano promedio tiene una fuerza destructiva que puede ser difícil de dominar. Piensa en los niños. Están llenos de energía e ideas. Siempre están pensando en nuevas formas de causar problemas. No es muy diferente para los ancianos. Si te dan la tarea de cuidar a personas vulnerables, fácilmente te puedes estresar, especialmente porque no puedes razonar con ellas.

- **Eventos traumáticos**

Digamos que un día estas manejando por la carretera. De repente, un auto se sale del carril y se estrella contra ti. Pero por una racha se suerte, sobrevives. El revivir la experiencia traumática puede ser suficiente para causarte estrés. Te puedes encontrar recordando el trauma y experimentando *flashbacks* y visiones, y ninguna de estas experiencias es agradable.

- **Estrés relacionado al trabajo**

Nuestro trabajo juega in rol significativo en nuestras vidas, ya que es de donde obtenemos nuestros ingresos, y más importante aún, es en donde pasamos la mayoría de nuestras horas productivas. Sin embargo, el espacio laboral puede ser una fuente de tremendo estrés, especialmente considerando el hecho de que la mayoría de las personas no aman sus trabajos. Algunas de las cosas en tu trabajo que pueden inducir estrés incluyen; estar insatisfecho con tu trabajo, tener un jefe hostil, tener muchas responsabilidades, trabajar turnos largos, trabajar en condiciones pobres, lidiar con colegas hostiles y negativos y lidiar con discriminación.

CAPÍTULO 24

FACTORES DE RIESGO PARA EL ESTRÉS

Edad

Es cierto que el estrés nos llega a todos. Pero los jóvenes y los adultos no se estresan de la misma manera. Si miras atentamente, te darás cuenta que entre seas de una edad más avanzada, serás más propenso a estresarte. Como una persona adulta, has pasado muchas cosas y actividades que se han trasformado en fuentes de estrés. Pero a pesar de que un niño también puede estresarse, no tienen mucha experiencia de vida. En otras palabras, no tienen oportunidad de estresarse tanto como los adultos.

- **Abuso de sustancias**

Si tienes una tendencia a abusar de las drogas, estás en mucho más riesgo que una persona sobria de desarrollar estrés. El abuso de sustancias te vuelve un esclavo. El momento en que no puedas tomar tu dosis, se hará profundamente problemático para tu funcionamiento. Es por eso que las personas adictas a las drogas incluso tienden a temblar cuando no toman sus dosis.

- **Bajo autoestima**

Cuando tienes una baja autoestima, significa que no piensas bien de ti mismo. Significa que otras personas te traten a su gusto. Las personas con bajo autoestima son más propensas a estresarse que las personas que son seguras de sí mismas. Esto es debido a que hay un roce entre lo que quieren y la forma en la que actúan. Las personas con bajo autoestima tienen dificultades diciendo "no" a los demás, y esto causa que los demás tomen ventaja de ellas. A la larga, les provoca experimentar más estrés.

- **Personalidad**

¿Sabías que tu personalidad puede predisponerte al estrés? Digamos que eres introvertido, pero trabajas alrededor de extrovertidos. Quizá quieres ser amigable y nunca les dices que odias estar rodeado de parloteo. Hasta donde te concierne, lo encuentras difícil, porque tu personalidad no rima con la personalidad de los demás. Esto puede estresarte.

- **Entorno**

Es probable que sea mentalmente estable alguien que se queda en un área tranquila y elegante con padres cariñosos, al contrario de alguien que vive en una parte caótica de la ciudad en donde el conflicto está a la orden de día. El entorno en el que vives juega un rol importante en tu maquillaje emocional. Si estás rodeado de revoltosos, hay una gran probabilidad de también volverse uno.

CAPÍTULO 25

EFECTOS NEGATIVOS DEL ESTRÉS EN LA SALUD FÍSICA

Jaqueca

Uno de los efectos más comunes que experimentan las personas estresadas es la jaqueca. Cuando alguien está estresado, sus pensamientos tienden a acelerarse, pero nunca parecen llegar a una solución. Esta decepción puede activar una jaqueca. Revivamos el ejemplo en el que ibas a la escuela a recoger a tu hijo tan sólo para descubrir que no está ahí. Comienzas a preguntarte en dónde podría estar. Pero no llegas a una respuesta obvia. En ese punto, comienzas a experimentar jaqueca porque no sabes qué hacer después.

- **Dolor muscular**

Cuando estás estresado, tu cerebro reacciona activando tu respuesta de pelear o huir. Hace esto mandando muchos recursos del cuerpo a los músculos para incrementar las oportunidades de supervivencia. Pero esta respuesta puede dejar a los músculos adoloridos. Por supuesto, el dolor es bastante inconveniente. Con músculos adoloridos, definitivamente encontrarás difícil el hacer cosas normales, y quizá quieras pasar más tiempo en cama, lo cual obviamente afecta tu productividad, y, en extensión, el que ganes más potencial.

- **Dolor en el pecho**

Cuando uno está experimentando estrés, el cerebro manda muchos recursos a los músculos. En este sentido, corazón está igual de involucrado, porque es el órgano que bombea la sangre. En primer lugar, los latidos del corazón incrementan, y después uno puede encontrarse experimentando dolor del pecho.

- **Fatiga**

Estar estresado tiene un gran costo emocional. Sus mentes tienden a reaccionar de más. Siempre están pensado en maneras de superar sus condiciones estresantes. Este constante problema para superar el estrés gasta sus reservas de energía y terminan sintiéndose exhaustos.

- **Problemas para dormir**

Cuando estás estresado, no puedes relajarte lo suficiente para conciliar el sueño. Pasas la mayor parte del del día preguntándote cómo desestresarte. Y cuando llega la noche, tu mente hiperactiva dificulta el que duermas. Si logras quedarte dormido, esencialmente es un sueño intranquilo.

CAPÍTULO 26

TÉCNICAS DE TCC PARA ELIMINAR EL ESTRÉS

La Terapia Cognitiva Conductual puede ser usada tanto en la terapia como en el contexto de la ida diaria. De cualquier manera, es una ganancia. Las siguientes técnicas son diseñadas para ayudarte a superar el estrés.

- **Tener un diario**

Esta técnica puede parecer simple, pero realmente es muy útil. Se trata de escribir tus experiencias, emociones y pensamientos. Cuando sea que te encuentres teniendo problemas de estrés, toma un diario ordinario para anotar varias cosas acerca de tu condición. Escribir tus pensamientos no sólo te ayuda a calmarte, sino que también te da una nueva perspectiva. Si has estado estresado por la mayor parte del día, toma tu diario y escribe las razones de tu estrés. Quizás fue tu jefe o tus colegas. Escribe cómo te has sentido al respecto. Y si tienes alguna solución, también anótala.

- **Desentrañar tus percepciones defectuosas**

Algunas veces nos estresamos innecesariamente. Usualmente esto ocurre como resultado de creer algo que no es cierto. Asumamos que estás buscando un trabajo, y una de tus creencias es que eres estúpido. Cada carta de rechazo que recibas cimentará esta creencia errónea. Si vas por la vida creyendo que eres tonto, desarrollarás tendencias auto inhibidoras, y tendrás tiempos difíciles en lograr tus metas.

- **Exponerte a tus miedos**

Un hecho de los seres humanos, es que no limitante respecto a qué tan poderosos podemos ser. Literalmente, eres tan poderoso como lo desees. Si eres introvertido, puedes aprender a estar alrededor de extrovertidos, siempre y cuando pongas el esfuerzo. Aprende a superar tu estrés al ponerte en situaciones retadoras.

- **Relajación muscular progresiva**

Esta técnica busca hacerte sentir más relajado. Involucra relajar un grupo de músculos a la vez hasta que todo tu cuerpo tenga un estado de relajación. Si no eres habilidoso en esto, hay muchos recursos para ayudarte, especialmente YouTube. Cuando sea que te sientas estresado, busca un sitio tranquilo, pon un poco de música y comienza a relajar tus músculos.

- **Respiraciones profundas**

¿Sabías que puedes superar el estrés respirando profundamente? Cuando tomas una honda respiración, inyectas más oxígeno a tu cuerpo. Y con más oxígeno, tu cerebro tiene más combustible, lo cual ayuda a formular una solución. Así que, cuando sea que te estreses, detén lo que sea que estés haciendo y comienza a respirar profundamente. Te llevará a un sentimiento de relajación libre de estrés.

CAPÍTULO 27

CÓMO LA TERAPIA COGNITIVA CONDUCTUAL AYUDA A TRATAR EL TRASTORNO DE ESTRÉS POSTRAUMÁTICO

El Trastorno de Estrés Postraumático (TEPT) es una enfermedad mental desencadenada por una experiencia desagradable. La experiencia hace que tengas *flashbacks* y pesadillas mientras revives el terrible suceso, causando TEPT.

La mayoría de las personas que experimentan eventos traumáticos usualmente tienes dificultades para ajustarse y seguir con sus vidas, pero eventualmente logran adaptarse y siguen adelante. Pero si una las ansiedades debilitadoras y *flashbacks* continúan por meses o años, ciertamente tienen la condición conocida como Trastorno de Estrés Postraumático (TEPT).)

Síntomas del TEPT

Los síntomas del Trastorno de Estrés Postraumático pueden aparecer tan pronto como un mes después del evento traumático, y, en otros casos, los síntomas pueden esperar años. El Trastorno de Estrés Postraumático obstaculiza el que tengas una vida normal y causa problemas significativos, especialmente en tu vida social, laboral y relaciones. Las siguientes son cuatro categorías de síntomas del TEPT:

- Recuerdos intrusivos
- Esquivar
- Cambios negativos en los pensamientos
- Alteración en las reacciones físicas y emocionales

Recuerdos intrusivos

Si te hubieras recuperado de un evento traumático, tu mente no regresaría a revivir la horrible experiencia. Sin embargo, el cerebro de alguien con TEPT intenta que vuelvan a vivir el suceso de numerosas maneras. La persona afectada comienza a experimentar *flashbacks* vívidos, los cuales obviamente arruinan su estabilidad mental. También pueden comenzar a experimentar pesadillas frecuentemente, las cuales están relacionadas al horrible evento. Adicionalmente, la persona experimenta un severo estrés cuando intenta realizar actividades que están asociadas al evento. Por ejemplo, si una mujer joven fue violada por la noche, podría estresarse demasiado cada vez que pase por el lugar exacto en donde la violaron, recordando los escalofriantes detalles.

Esquivar

Es la naturaleza humana el querer evitar confrontar las cosas que nos han traumatizado, sin embargo, una persona bien ajustada no debería tener ninguna dificultad en revisitar su pasado cuando haya un incentivo. Una persona afligida con TEPT evita totalmente hablar de su pasado traumático. De hecho, pueden no tomar bien el que alguien se acerque acerca ellos intentando saber acerca de su trauma. Pueden ir muy lejos para evitar a las personas, cosas o situaciones que son asociadas al horrible evento, considerando que estas cosas pueden desencadenar memorias desagradables.

Cambios negativos en los pensamientos

Las personas viviendo con TEPT desarrollan patrones de pensamiento negativos respecto a sí mismos y el mundo. Por ejemplo, pueden considerar que no tienen valor, desarrollar un complejo de inferioridad y un profundo odio hacia el mundo en general. Piensan que el mundo está en su contra. También tienden a perder la esperanza, lo cual los desanima de tomar cualquier paso porque creen que no pueden lograr nada. Su memoria se vuelve pequeña, especialmente respecto a varios aspectos del evento traumático. Ya que odian al mundo, tienes dificultades severas para iniciar y mantener relaciones, y se alienan de todos los que se preocupan por ellos, por ejemplo, amigos y familia. Pierden el interés en actividades que una vez disfrutaron y también les cuesta trabajo sentir emociones positivas.

Alteración en las reacciones físicas y emocionales

Después de que has pasado por un evento traumático, puedes volverte un poco más precavido y sensitivo, pero la tendencia eventualmente desaparece cuando te ajustas. Sin embargo, cuando tus reflejos continúan siendo increíblemente activos de tal manera que fácilmente te sorprendes o asustas, es un indicativo de TEPT. Las personas con TEPT parece que siempre están aguardando al peligro, y esto los hace parecer extremadamente cautelosos, especialmente en escenarios públicos. También pueden involucrarse en comportamientos autodestructivos, como tomar excesivamente, tener demasiado sexo y otras adicciones, las cuales son meros intentos de ahogar su dolor. Tienden a tener dificultades en conciliar el sueño y en tener descanso de calidad.

Las personas viviendo con TEPT tienen dificultades para concentrarse en la tarea en cuestión y pueden distraerse fácilmente por estímulos externos. Tienden a tener reacciones emocionales y físicas exageradas, dándoles la apariencia de inestabilidad emocional. Adicionalmente, experimentan intensos sentimientos de pena o culpa, ya que pueden culparse del evento traumático. Por ejemplo, no es poco común que una mujer que fue violada se culpe a sí misma.

Causas del TEPT

Considerando que la aún es muy verde la investigación respecto a las condiciones de salud mental, no hay evidencia concreta para apuntar una causa real al TEPT. Sin embargo, el conocimiento tradicional indica que la angustia y los eventos traumáticos están detrás del TEPT.

• Eventos dolorosos: no tienes que superarlos tú solo. Incluso el ser testigo de un evento doloroso es suficiente para causarte TEPT. Por ejemplo, si atestiguaste la pérdida de un ser querido a través de una enfermedad degenerativa.

• Asunto familiar: si tus padres han tenido varias enfermedades mentales, estás en riesgo de también desarrollarlas, y bien podrías pasar esta condición a tus descendientes.

• Entorno: si estás asociado a personas que tienen síntomas de TEPT, eventualmente podrías apuntar los rasgos que harán que el TEPT nazca en ti.

• Problemas cerebrales: si hay una desconexión entre cómo tu cerebro procesa los estímulos externos y la respuesta que brinda, puede resultar en un desbalance químico y hormonal, causando TEPT.

Factores de riesgo

Casi todos pueden desarrollar Trastorno de Estrés Postraumático, pero los siguientes factores incrementan la probabilidad de adquirir esta enfermedad.

• Falta de un sistema de apoyo: las cosas malas pasan todo el tiempo, pero no deberían mantenernos prisioneros. Si tienes un buen sistema de apoyo, deberías poder superar el trauma y volver a la realidad. Sin embargo, si no tienes un sistema de apoyo, tal vez permanezcas aplastado bajo las intensas emociones y desarrolles TEPT.

• Abuso infantil: por ejemplo, haber crecido por padres despiadados y ser abusado sexualmente.

• Trabajo sensible: tener un trabajo que te expone al lado oscuro de la vida humana. Por ejemplo, la milicia, los fotógrafos policíacos o los cirujanos.

• Salud mental: si ya estás combatiendo otras enfermedades mentales, tienes probabilidad de desarrollar TEPT.

• Hábitos no saludables: también eres propenso a desarrollar TEPT si has adquirido malos hábitos como beber en exceso o tener atracones.

Tratar el Trauma de Estrés Postraumático (TEPT) con TCC

Paso uno: Identificar los síntomas

Este paso inicial es crítico, porque además de ayudar al terapeuta a entender los aspectos únicos de la enfermedad que está enloqueciendo al paciente, también es el momento perfecto para conectar, considerando que el éxito de la Terapia Cognitiva Conductual depende de la colaboración entre el paciente y el terapeuta. Las siguientes son algunas de las preguntas que el terapeuta preguntará para tener un mejor entendimiento de los problemas del paciente:

- ¿Qué pasa por sus mentes cuando recuerdan un evento trágico?

- ¿Cuáles son sus reacciones físicas al recordar un evento traumático?

- ¿Experimentan memorias invasivas del evento traumático?

- ¿Experimentas pesadillas relacionadas a un evento traumático en específico?

- ¿Hasta qué punto han perdido el interés en cosas que solían disfrutar?

- ¿Qué tan desapegados son de otras personas?

- ¿Qué actividades, sentimientos y pensamientos han evitado desde el trauma?

- ¿Tienen alguna dificultad en recordar cualquier aspecto del trauma?

En esta fase, el terapeuta expone las dolencias del paciente e intenta hacerlos entender cómo el traume influencia varios aspectos de sus vidas, y los pasos accionables que deberán tomar para restaurar su vida.

Deben ser metas alcanzables. Las metas deben regresar al paciente a una vida saludable, en donde no son afectados por su traumático pasado. Las metas deben ser lo más específicas posibles:

- Dejar de culparme o a mi esposa por el accidente
- Volver a jugar pingpong
- Comenzar a aceptar a la gente del mundo en lugar de evitarla
- Comenzar a salir más

- No escapar de cualquier recordatorio del accidente

Paso dos: Explicar la racionalidad del tratamiento

En esta etapa, el terapeuta ya terminó de vender al paciente la TCC como el mejor tratamiento, y quizá deseen expandirse en cómo funciona. El terapeuta explica cómo la TCC aborda los factores que influencian el TEPT y destaca los tipos de personas que son susceptibles a esta enfermedad.

- Flexibilidad: la cosa con la TCC es que no está enraizada a un conjunto de reglas fijas. Es, virtualmente, una técnica de autoexploración, excepto que tienes a alguien que esté al pendiente y se asegure de que no recaigas. Para tener el tratamiento más efectivo, el terapeuta y el paciente deben trabajar juntos.

- Actitud: La TCC no sólo cura tu enfermedad mental, sino que te ayuda a mejorar tu actitud respecto a ti mismo y los demás. Los estudios demuestran que la actitud de una persona es tan importante como las cualificaciones para avanzar profesionalmente.

- Establecer metas: La TCC te permite abordar tus problemas desde diversos ángulos. Puedes lograr muchos objetivos añadiendo ejercicios particulares.

Paso tres: Entender cómo tu trauma causó el TETP

Algunos de los eventos traumáticos que pueden llevar a TEPT incluyen:

- Accidentes automovilísticos fatales
- Agresión sexual
- Asaltos
- Aborto espontáneo
- Abuso doméstico
- Abuso sexual
- Atestiguar muertes violentas
- Ataques terroristas
- Ser tomado rehén
- Inundaciones
- Enfermedades degenerativas

Cuando experimentamos un trauma, la última cosa que nos queda en mente es pensamiento crítico y corrección política.

Fácilmente podemos tomar un pensamiento incompleto y seguir con él. La TCC nos ayuda a ser objetivos para que tengamos una idea clara de cómo el pasado afecta nuestras condiciones presentes.

Si además de experimentar algo traumático también sufriste de ansiedad o depresión, estás en mucho mayor riesgo de desarrollar un completo TEPT.

El terapeuta te ayuda a entender que el TEPT es causada por las siguientes razones:

• Mecanismo de supervivencia: una escuela de pensamiento dice que el TEPT es meramente una respuesta biológica que busca fortalecer nuestra capacidad de supervivencia. Por ejemplo, los *flashbacks* meramente son un intento del cerebro de tener una clara imagen de los detalles del terrible evento para que, la próxima vez, estés más que preparado para prevenirte de hacer lo mismo. El sentimiento de estar al borde es con la intención de afilar tus reflejos.

• Adrenalina alta: cuando estás en una situación estresante, el cuerpo secreta adrenalina para desencadenar una reacción rápida. Algunas personas pueden no perder la habilidad de producir altos niveles de adrenalina, y ello puede llevar a TEPT.

• Cambios cerebrales: si estás pasado por cambios cerebrales significativos, puedes ser incapaz de procesar acertadamente los estímulos externos, llevándote a tener respuestas emocionales falsas, y, eventualmente, TEPT.

Paso cuatro: desarrollar pensamientos positivos

Una vez que aprendes las diferentes formas en que tu mente se respalda de información inadecuada para llegar a decisiones, puedes proponerte el reestructurar tus pensamientos para erradicar el TEPT.

• Reestructuración cognitiva: como víctima de un evento traumático, puedes estar en tanto shock que no quieres nada que te recuerde de esa experiencia. Pero ese es el acercamiento incorrecto. Deberías dar la bienvenida a la idea de ser capaz de visitar tu pasado traumático e incluso hablar de él. Una vez que desmientes el trauma, puedes seguir adelante más fácilmente.

• Dejar ir la situación hasta el final: una vez que has pasado algo traumático, tu cuerpo puede hacerte sentir al borde. Esto es una respuesta biológica destinada a prepararte para ser más consciente de tu entorno. A causa de ello, te asusta el entrar a zonas específicas o situaciones. En estas circunstancias, debes dejar ir la situación hasta el final, para asegurarte de que, de una forma u otra, nada terrible pasará.

• Relajación muscular: una vez que las ansiedades y miedos se edifican dentro de tu mente, puedes involucrarte en la relajación muscular progresiva para liberarte de estas energías negativas.

Paso cinco: Progreso en la terapia

Mientras continúas practicando los ejercicios que te ha asignado tu terapeuta, experimentarás resultados positivos. En esta etapa, debes comenzar a empujar los límites para que aceleres tu recuperación.

www.ingramcontent.com/pod-product-compliance
Lightning Source LLC
Chambersburg PA
CBHW061757250726
48657CB00001B/168